蔡宗翰 著

打火哥的30堂烈焰求生課

第一線熱血消防員親授關鍵保命絕招，破解火場迷思

熱血推薦

依姓名筆劃排序

水精靈（PTT八卦板科普作家）

談到火災，不管是曾經身歷其境或道聽塗說，一般人總喜歡拿各種逃生技巧來說嘴，自以為熟悉這些老生常談的觀念。事實上，血淋淋的悲劇還是每天不斷地在你我身邊發生。Why？

作者在受訪時說過：「消防人員的戰場不只是在救災現場而已，消防隊面對最大的敵人不只是火災，還有民眾的錯誤觀念。」的確如此，這些迷思與誤解如同地獄直達車，載著你登出人生online。捫心自問，你腦中的防災觀念是否已經更新？面對火場，你仍堅持「躲浴室、往上逃與沾溼毛巾」？

如果你對上述問題的答案存有一絲絲的猶豫，那麼這本書非讀不可！藉由書中實際案例的經驗與科學分析，存在你內心的疑惑將如同晨霧般，在旭日東升後隨之消散，而且更是一本值得你用心去熟記的防火應變與火場逃生的教戰寶典。

侯友宜（新北市市長）

《打火哥的30堂烈焰求生課》是一本極具參考價值的工具書，既然來了，就好好認識它。人生瞬息萬變，永遠不會知道明天和意外誰先到，在不同風險因子不同情況下，形成上千種案例，而本書透過災例分析、境況模擬以及問答方式，引導讀者思考：萬一沒有時間了，我該做什麼？我能做什麼？沒有最完美的答案，只有最適合的應變，才是最佳求生之道！

書中提及各種火災現場應變之道，如「示警首要，沒有例外」、「小火快逃，濃煙關門」、「對外窗戶，向外呼救」、「關門是原則不是鐵則」、「安全第一，報案第二」、「滅火不簡單，滅不掉但要逃得掉」、「重返火場，悲劇收場」以及「相對安全」等各種概念，看似簡單的救命口號，其實有遠大意義。一旦發生火災，只要能有效控制初期快速蔓延，除了讓救災人員擁有更安全的環境外，亦可快速將受困民眾救出及撲滅火勢，無論是「火災預防」還是「災害搶救」，都能營造出雙贏的局面，的確是一舉數得。

運用各種管道通路給予民眾正確的安全資訊，一直是政府努力的方向。我很樂見宗翰兄能夠透過自身實戰經驗，不吝分享正確防災知識，在忙碌之餘仍不遺餘力，持之以恆地將這些資料彙集成書，實屬難能可貴。

一知半解的消防知識，倒果為因的隨機訊息，人們會選擇自己認為的合理內容吸收，一旦災害來臨，並沒有多餘時間思考，因此可能造成一步錯步步錯的情形發生，唯「冷靜處理」才是上策。但冷靜不可能憑空出現，得循此書規畫，詳實閱讀並熟悉，充分認識災害，讓災害發生的傷害降至最低。認同作者把實戰與理論結合撰寫此書回饋大眾，希望讀了這本書的朋友們能夠身歷其境，並將作者的思維邏輯發揚光大，為社會帶來一波學習消防的新潮流。

最高品質消防事，寧可備而不用，也不要一日不備，共勉之。

張賢龢（美國災害應變專家）

災害的發生大家都不樂見，處理災害的經驗卻少有人分享。因而一件件災害像是斑點般遍布在歷史長河中，如果不加以梳理與傳承，點與點之間構不成線，更遑論要張開成完整的公共安全防護網。

本書作者與我相識多年，我深自嘆服他對公共安全宣導的努力，也不斷地看見他在這塊領域的成長與茁壯。本書以案例為本的寫作方式，讓各種災害狀況躍然紙上。對不常處理災害的人來說，本書是部百科全書，是家家必備的救命仙丹；對災害應變者而言，本書示範了與大眾溝通的技巧，是本不可錯過的好書。個人樂見這樣經驗分享的書籍出版，也期待除了火災之外，有更多不同種類災害應變的書籍面世，如此方能逐步將公共安全的大網建構起來。

許毓仁（立法委員／TEDxTaipei 共同創辦人）

二〇一五年邀請宗翰來 TEDxTaipei 演講時，正好是「素人開講」系列開始的時候，我們邀請了社會各領域的無名英雄站上 TED 這個舞台，分享他們改變世界的好點子，宗翰就是其中一位。很高興能看到他的想法不斷地透過各種形式傳播出去，這也是 TED 這個平台的力量，傳播更多、更正確的知識。

有時候火災並不致命，致命的是錯誤的逃生觀念。宗翰在演講時模擬了三個情境，帶出三個過去教的錯誤火災逃生觀念，包括「躲浴室」、「往上逃生」及「溼毛巾摀住口鼻」（相信您可能也以為這些逃生觀念是對的，至少我的辦公室主任在三個模擬情境中都無法順利生存）。為此，我還特地去google了一些資料，其他的錯誤迷思還包括「濃煙並不會嗆醒夢中人」。

之前有民間業者委託市調網進行「國人居家防火意識」網路問卷調查，報告顯示六成民眾火災專業素養趨近於零。雖然這是針對居家滅火器設置的普及率所做的調查，但我想不管是硬體（滅火器、警報器）或軟體（逃生觀念），都是能在火場中「活下來」的關鍵。

硬體部分，我相信多數讀者還是缺乏的，此刻是時候檢視住家防火器材更新了沒或是否齊全。至於軟體部分，也就是正確的火災逃生觀念，我推薦宗翰的書《打火哥的30堂烈焰求生課》，這場近四百萬次點閱數的演講，是他在火場奔命換來的智慧結晶。

陳寧（八仙塵燃事件傷者／作家）

《打火哥的30堂烈焰求生課》書中由每個字句組成的小故事，已經不是一種全然陌生的舉例，而是能夠輕易喚醒我、親貼在我疤痕肌膚的猶新記憶。

我是八仙塵燃傷者，讀完本書我試想：若大眾能夠更早遇到本書，面對災害有更直接的應變能力，那我們的傷情是否會有些不同？

某篇提及面對塵燃火災，切記不要滅火、奔跑、地上躺滾，不過以上的舉動在那個驚天動地的情境下，我們是幾乎做盡了。除了從未想像人生會有這麼一瞬間的發生，也對塵燃火災沒有絲毫的基本安全概念。

祝願所有閱讀本書的人，永遠不要使用到書中的求生技巧。不過知識就是力量，是離自己最近的救命繩索，防患於未然，也請家人一起進來保護傘下，共同守護及延續那心安美好的生活。

黃江祥（高雄市政府消防局局長）

消防工作的宿命就是跟災難搏鬥，從死神手中搶下一個個生命。消防人員最有成就感的是從火場裡把人救出來，但救援過程也最驚心動魄、充滿危機。

造成火場傷亡背後的原因交錯複雜，真正的安全意識不是精通逃生技巧或期待消防人員創造奇蹟，而是事前就做好一切防範與準備。

我曾擔任宗翰的直屬長官，這幾年看著他不斷精進消防專業，並積極運用網路、社群、影音等方式，已在防災宣導領域開創一個全新層次。而這次他更把知識化為文字，深入淺出地破解一般人對火災的錯誤迷思，並提供正確觀念與具體行動建議。

非常期待這本書的出版，這是一本每個家庭都應該具備的保命寶典。

歐陽立中（作家／Super 教師）

考試都能補考，只有一種例外，那就是火烤。只要一次沒過，人生就 game over 了。偏偏在學校，我們有防震演練，卻沒有火災演練，最多就是請消防專員晨會宣導，只是台上講者講得賣力，台下聽眾聊得盡興。因為沒有身歷其境，每個人都彷彿局外人。直到我偶然看到打火哥宗翰的TEDxTaipei演講，大為震驚，他顛覆我對防火的認知，別躲浴室、別往上跑、別忙著用溼毛巾摀住口鼻，而是「小火快逃，濃煙關門」。

與其說宗翰是打火哥，我覺得他更像是說書人。無趣的消防知識，他用故事讓你感同身受；嚴肅的逃生守則，他用顛覆讓你刻苦銘心；無感的火災情境，他用道具讓你驚呼連連。

我認為家家戶戶都該有一本《打火哥的30堂烈焰求生課》，畢竟，面對意外火災，滅火器不一定能救你的命，但這本求生寶典，可以。

鄭國威（泛科知識公司知識長）

這是一本很沉重的書。書中的知識由數百人的血與肉堆疊，在無盡的火與淚中淬煉。

這也是一本很輕盈的書。每一堂課的篇幅都恰到好處，沒有任何廢話，給你最清楚犀利的生存建議。

這是一本很暗黑的書。就算出版了這本書，真正會讀的人始終不夠多，而無情的火焰與濃煙也從不挑受害者。

這是一本很光明的書，因為若你認真讀完，你跟你最愛的人的命運可能因此而改變。

本書設計各種情境，讓你讀著讀著如同置身現場；當你又驚又疑，才發現這些情境竟然都取自真實火場，其中絕大多數案例就在近幾年的台灣！本書更用科學思維打破慣常迷思，平易近人的寫法讓每一位讀者都能吸收。身為科學傳播工作者，我認為本書是非常好的寫作典範。

雖然這本書是易燃物，但讀了本書的人應該都會更不易燃一些。

蕭俊傑（科學X博士）

重要的觀念、正確的觀念，大家如果沒有真正吸收，再怎麼宣導也是白費工夫。

我做的是科學教育。我跟宗翰一樣，都是為了自己覺得很重要的使命在工作，也都需要把自己覺得重要的事，想盡辦法讓更多人了解它的重要。

但，這些重要的事該怎麼說？怎樣才有機會能讓我們說？怎麼做才有人願意聽？怎麼做才會讓人真的記得、覺得有用？消防知識的傳播看起來只是一件事，但把知識真正傳播到你的大腦裡，要努力的，太多太多了。

你心中有沒有很想傳達給大家的觀念？你心中有沒有很想讓大家了解的想法？這本書除了讓你知道消防的重要，也希望大家能用心感受蔡宗翰為什麼要成為打火哥。真心推薦這本書。

謝松善（李昌鈺博士物證科學教育基金會副執行長）

許多社會新聞火災訊息的報導，觀眾的心態常認為事不關己，而一般讀者對於防火宣導的印象大多認為很重要，但不一定會發生在自己身上，以致輕忽正確防火觀念，所以遇到火災常緊張失措，到處亂竄倉皇逃生。這也是為什麼許多火災罹難者都被發現倒在窗口、門口、走道與樓梯間的原因，更突顯「防火知識人人保命」的重要性。

我的警察生涯中經歷不少火災鑑識，也看到許多無辜的生命在火場中喪生。經過現場勘查與法醫鑑識結果發現，如果當時有正確的防火求生知識及方法，這些生命應該是可以獲救的。剛好看到《打火哥的30堂烈焰求生課》這本書，對於如何避免火災發生、正確逃生方法及火災應變原則等均有獨到見解，並且將複雜的災害防救理論化為好記秒懂的保命重點，深感重要，特撰文推薦，期能嘉惠大眾，以避免憾事再度發生。

作者序

別讓迷思成為命運的殺手

我想我永遠忘不了二〇一五年的那一夜。那天，手機螢幕閃出一則新聞：「一一九消防節的深夜，傳出桃園六名消防人員受困火場……」到了清晨，六位全數殉職。

「六」這個吉利數字出現在死亡數字顯得特別詭異。身為消防人員，實在無法想像一場火如何燒到讓六位弟兄喪生，而真正讓我背脊發寒的是LINE群組瘋傳的一段對話：「他們是被活活燒死！」你能想像是怎樣被活活燒死？逃不出去的心情是什麼？會痛到掙扎、奔跑嗎？會發瘋似地拍打臉部大叫嗎？他們都是眼睜睜看著對方被火燒死嗎？心死絕望的那一刻可曾想起家人？失去意識的瞬間感到疼痛嗎？

我一整天如行屍走肉。晚上回家開門就聽到新聞的聲音，太太靜靜坐在沙發上，望著電視。我轉身關門，卻呆立門口。太太眼眶泛紅，聲音顫抖地說：「你如果派去外勤能不進火場嗎？」「消防人員……可以不進火場嗎？」好不容易想擠出的話如鯁在喉。那一夜，她沒再說過一句話。睡前我陪一歲半的兒子唸故事書，腦中浮現的是昨夜一位殉職同仁與兒子的合照，而這位與我兒子同齡的孩子，已經永遠失去了父親。

那年，我對消防工作的意義有了很大反思，思忖著自己能多做什麼。我體悟到我們對抗的不只是火災，還有民眾的錯誤觀念。在這個資訊混亂、爆炸的時代，我們必須用更有效的方式，把正確觀念傳達給每一位民眾。於是我開始到外勤分隊，教第一線消防弟兄與婦宣志工們宣導溝通的簡報技巧，也與偏鄉學校的校長、老師及同學們分享，請他們把觀念帶回家庭。但這還不夠，我開始寫部落格與專欄文章，除了宣導防災知識，也呼籲勿濫用救護車及重視救災人員執勤的權益。同時告訴民眾，面對災害別只會說「天佑台灣」，而是災害前到底做了多少準備。

同年，我開始迷上 TED 一段段簡潔有力又深刻精彩的分享演講，心想若能藉這個平台及網路散播的力量，把防災知識傳播給幾百萬人，那會多麼令人振奮！於是，我報名參加 TEDxTaipei openmic 甄選。經歷網路海選到總決選，終於在二〇一五年十月站上年會舞台，在八分鐘的演講中逐一破解常見的三個火場求生迷思，也分享了消防人員家屬背後的擔心與糾結。影片甫上線，便以每日數萬的瀏覽速度迅速累積，直到我在寫這篇序的當下，已經近四百萬人次。

後來遠流出版公司力邀，打動了我寫這本書的念頭。為了讓內容好讀、有趣、可用，每篇文章只傳達一個火災觀念，搭配實際的重大火災案例，以清楚易懂的方式破解錯誤觀念、解說正確做法。若要用一句話描述本書的靈魂，那會是「別讓迷思成為你命運的殺手」！知識就是力量，期望每個人都能因此擁有捍衛生命安全的力量，而正確的火場求生避難觀念除了能救命，還能降低消防人員為了搶救民眾而深入火場甚至犧牲的風險；每個衝進火場的消防弟兄背後也是一個家庭，他們可能上一秒正在救人，下一秒卻連與家人道別的機會都沒有。

生命如此珍貴又如此脆弱，連盡全力都不一定能保全，我們又怎能放任迷思來宰割自己的美好人生？我要再次強調，我們對抗的不只是火災，更是普遍對火災的錯誤觀念。

打火哥的30堂烈焰求生課｜目錄｜

第一線熱血消防員親授關鍵保命絕招，破解火場迷思

PART 2 火場迷思大破解

—PART 3—
防災五大策略

—PART 4 特別篇—
天搖地動一瞬間

前言

學會防災是幸福生活的手段

歡迎來到《打火哥的30堂烈焰求生課》。

開始之前，請先想像一下這個情景：

正在看書的你突然被捲入另一個時空，睜開眼睛一看，是一個烈火燃燒的房間。在有點昏黃的光線下，房裡四處舞動著亮澄澄的火燄。空氣愈來愈悶熱，你感到有點暈眩，於是扶著牆壁想逃出去。走到一半，隱約聽到角落有人在哀號，他不斷喊疼，彷彿被東西壓傷或遭火燒燙傷。

忽然，門後傳來猛烈撞擊聲，幾名全副武裝的消防員衝進來，個個看起來英勇剽悍。其中一位用無線電對外聯絡，另一位俐落地把你扛到他肩上。經過千辛萬苦，你和那位受傷的仁兄終於獲救，圍觀民眾的歡呼與喝彩響徹雲霄。

這畫面美得像部電影，是嗎？對，這是「電影」。如果你以為這就是火災真實的面貌，那就大錯特錯。除了消防人員，一般人幾乎沒遇過火災，因此相信電視、電影上的畫面就是真實場景。

我們應永遠對未知災害心存敬畏與擔憂

根據統計，台灣平均每四小時就發生一次嚴重火災，每年有將近一百五十個因火災而破碎的家庭。絕大多數的火場倖存者事發前都不相信，自己會遇到這樣的悲劇。

消防人員與一般人的「不同點」在於，工作經驗讓他們見過真正的火災。前面描寫的影視中的火場，嚴重性不在於扭曲了事實，而在於如果我們不知道真實火場的樣貌，就會誤信錯誤的情境，因而有錯誤的應變觀念。因此，當真的面臨火災、面對與想像完全迥異的情境時，會更加慌張害怕，不但影響到寶貴的逃生時機，甚至連應變都無從做起。

什麼是真實火場的樣子？實際狀況是，現場一片漆黑，根本無法掌握大門、窗戶、櫃子的位置，也就是——「黑暗」！

消防人員們與一般人的「相同點」是，對於火災，同樣心存敬畏與擔憂。

他們進入火場後，並不是像電影一樣開始狂奔救人，因為濃煙會遮蔽視線，走沒幾步路，剛進來的入口已被黑暗吞噬，一下子就失去方向感及空間感，只能從前面的夥伴、手上的燈具、延伸進來的水帶及碰觸到的東西判斷位置。有時候往後一摸，可能發現身後的同伴不見了。

在尋找起火點與人命搜索時，他們不敢有一絲輕忽，因為無法預知眼前的未來會發生的狀況。他們心心念念的就是順利救出受困者、撲滅火勢，然後安全離開這災難現場。

應變方式決定能否存活

自從進入現代社會，火災就和世界上的每一個人脫不了關係。從機率來看，每個人遇到火災的機會並不高，但只要遇上就可能家破人亡。面對火災這種「機率低、影響高」的特性，其實我們只要多付出一點點，就能大幅控制住這麻煩的問題；也就是說，你買的不是一本書，而是一個低成本、高報酬的投資。

我在演講時發現，大多數人都覺得火災很可怕，知道濃煙很致命，從小都學過一些防災觀念，也從電視新聞看到火災傷亡的案例，但為什麼火災意外還是層出不窮？甚至同樣錯誤一犯再犯？

從人的行為觀點來看，火災造成傷亡其實只有兩個原因，一是「太晚發現火災」，二是「初期應變錯誤」，而這兩者的背後都是一個個錯誤迷思堆疊而成。在火災發生的那一刻，所有的傷害都是未知數，應變的對錯將決定你能否活下來，而正是因為這些錯誤迷思，讓原本可以存活的卻變成悲傷遺憾。比方說：

明明該逃卻不逃，而先去做別的事；
明明該躲卻不躲，偏要穿越濃煙逃生；
明明某些空間很危險，卻偏偏要躲進去；
明明某些空間可以救命，卻往更危險的地方走；
明明不該搭電梯，你卻偏要搭；
明明該遵循避難指標逃生，你卻反其道而行；
明明該沿牆面移動，才不會錯過安全門，你卻橫衝直撞，以致迷失方向；
明明平時就要熟悉避難器具（繩索、軟梯、緩降機、救助袋等）的使用時機及方法，你卻在突發狀況時胡亂使用；
明明不該用水滅火，情急之下你卻用水潑。

簡而言之，明明該做A，你卻先做B；或者明知該做A，卻只做到A⁻；甚至根本不該做C，卻把它列為優先選項。在火場分秒必爭的情況下，錯誤及打折扣的應變行為不但浪費寶貴的求生時間，甚至早一步把自己推入險境。

火場情境如何判斷？該做怎樣的決定？本書的每個篇章就是在解決這些問題，讓我們能在短短幾分鐘甚至幾秒鐘內正確判斷火場情境，決定因應的策略及行為，例如火災時該不該往上跑？溼毛巾真能救命？浴室的水能幫助降溫？身上著火怎麼辦？你會重新認知到，火場不只有「逃生」這個選項，而應思考如何「求生」，如何與火場維持恐怖平衡，最後活下來。

本書脈絡與應用

這本書分成四大部分。第一部分「遇到了，怎麼辦？」模擬在不同情境下，若發生火災該如何應變、事先如何預防。第二部分「火場迷思大破解」將引領讀者重新認識火災，逐一破解常見的火場錯誤迷思及認識正確的求生避難原則。第三部分「防災五大策略」會完整提出控管火災風險需要做到的五個策略，只要落實於生活中，基本上火災發生甚至造成傷亡的機率便能降到最低。第四部分「特別篇」將破解幾個常見的地震應變迷思，並提供簡單有效的事前整備提醒。

在這三十堂課中，沒有艱深的火災概念或學術理論，也不像百科全書條列火災所有的知識，而是用一個個真實發生的案例帶入觀念，用清晰且具邏輯性的方式說明我們必須知道、可能誤解以及行動導向的防災知識。此外，你可以透過每篇開頭的情境選擇題自我檢視，利用各篇結尾的重點懶人包快速掌握與應用。

對家庭來說，這是一本必備的安全寶典。無論在家或外出，都可以一起針對不同情境進行討論，建立全家人健全正確的防災觀念。

對學校來說，因防災學程逐漸加入課綱，老師們可依本書「情境、案例、釋疑、解說、總結」的架構作為基礎，迅速掌握火災知識全貌，並依需求彈性調整、製成教案。

對現職消防人員來說，同樣可用上述的邏輯架構建構個人的宣導簡報，減輕消防人員的備課壓力，提升宣導成效。

最後，我想說點心裡話。這三十堂課的目標不僅僅是幫助你學會防災知識，相信對大多數人來說，學會防災知識是獲得幸福生活的工具和手段，而不是最終目的。我真正希望的不是幫你成為像消防人員一樣的火災專家，而是能用最正確、最輕鬆也最有效的方式認識火災，並做好萬全準備工作。

我有信心，這本書會是你人生中最值得的一筆投資。

PART 1

遇到了，怎麼辦？

火場情境如何判斷？該做怎樣的決定？
我們必須認知，
火場不只有「逃生」這個選項，
而應思考如何「求生」，
如何與火場維持恐怖平衡，最後活下來。

第1課
油鍋起火怎麼辦？

求生隨堂考

你一定見過，餐廳大廚炒菜時，鍋子裡不斷竄出飛舞的火舌，看似就要迸發而出，卻還是在廚師的「掌控」中。不一會兒，美味的佳餚就上桌了。你很想學大廚那樣大火快炒，但不慎油鍋起火了，這時你該怎麼做？

☐ A. 趕緊澆一桶水。

☐ B. 快速蓋上鍋蓋。

☐ C. 倒清潔劑中和。

☐ D. 灑麵粉覆蓋。

☐ E. 立刻關瓦斯爐火。

【答案請見文末】

現場直擊

晚餐的魚，無辜地、焦黑地躺在鍋裡。

拖鞋像逃命似地散落在廚房地板上。而它的主人，已經永遠離開了。

接近六點，她正在為家人準備晚餐，剛買的鮮魚一放進滾燙的油鍋，霎時香味四溢，整個油鍋滋滋作響、熱油亂噴。突然間，鍋裡燃起大火，一陣熱氣撲面而來。

情急之下，她拿起水瓢，舀水就往鍋裡潑去。一陣劈里啪啦的聲響，鍋子裡就像爆炸一樣升起一團烈焰，從她面前爆開！她瞬間昏厥過去。這時，滾燙燃燒的油就像煙火往四面八方飛濺，惡狠狠地撲在她身上，上衣和褲子也著了火。

❖

二〇一四年十二月，一名年邁婦人在家煎魚時不慎油鍋起火，婦人一時緊張，急忙倒水想要撲滅火勢，卻因此引發大火，導致她全身著火燙傷，送醫後不治。

二〇一六年四月，一家烤鴨店也因油鍋過熱起火，一名員工趕緊用水潑向油鍋滅火，不料火勢燒得更旺盛，而且現場煙霧瀰漫。消防人員及時趕到現場，控制火勢，所幸沒有釀成人命傷亡。

許多人乍見油鍋起火時都會慌張失措，當下直覺認為可以用水滅火，但其實往起火的油鍋裡噴水反而助長火勢更大，甚至可能造成人命傷亡。

錯誤做法：油鍋起火時「以水滅火」

油鍋起火原因包括一開始倒入過多油量、油溫過高引起自燃，或燉煮食物湯汁上的油溢出鍋外、食物下鍋致油噴濺，或抽油煙機積了太多油，只要遇上火苗就會引發火災。

那麼，為什麼不能「以水滅火」呢？這是因為油鍋熱後，食用油的沸點達到約三百度，如果往鍋裡加水，由於水的密度比油高，水會先下沉到鍋底，接著迅速沸騰蒸發，膨脹成原體積一千七百倍的水蒸氣，混合著高溫的油滴噴濺而出。這時油會變成更細小的油滴飄在空中，並與空氣結合成易燃氣體，一遇熱便如爆炸般形成猛烈的火焰，以驚人速度衝向四面八方。

假如人站的位置離油鍋太近，極有可能遭到火焰波及，造成嚴重燒燙傷，甚至死亡。

正確做法：蓋上鍋蓋，關閉爐火，靜置冷卻

面對起火的油鍋，你必須立即通知屋內其他人已發生火災，並執行「蓋上鍋蓋、關閉爐火、靜置冷卻」這三個步驟。

步驟一：蓋上鍋蓋

蓋上鍋蓋的動作有點像是中世紀武士拿盾牌的樣子，一邊保護自己，一邊穩穩貼近油鍋，然後將鍋蓋下緣垂直貼近鍋子邊緣後，快速、準確地蓋住正在起火的鍋具，阻絕油鍋火焰與空氣接觸。千萬不要由上而下蓋鍋蓋，因為火會從鍋蓋側面噴出來，造成危險。

若第一時間是用滅火器滅火，一定要在火熄滅當下立即蓋上鍋蓋，避免火勢復燃。因此，為了隨時取得鍋蓋，平時養成不把鍋蓋放在爐具後方（靠牆側）的習慣，而要放在隨手可得的位置。

步驟二：關閉爐火

你可能會想：「為什麼不先關爐火，而要先蓋鍋蓋？」

如果油鍋已經起火，鍋內的油會因本身溫度夠高而持續燃燒，關閉爐火僅能阻斷火源，無法立刻撲滅火勢，只有先蓋上鍋蓋才能阻隔火勢，接著才是關閉爐火。

步驟三：靜置冷卻

蓋上鍋蓋後，鍋內的火雖然已經控制住，而且愈來愈小，但還沒有完全熄滅，如果這時打開鍋蓋，大量空氣瞬間補充到鍋裡，火就會重新燃燒。建議至少等鍋爐冷卻三分鐘以上，再將整組鍋具移至「室外」清洗降溫。

要注意的是，這三個步驟的順序絕對不可以顛倒。

但是，萬一這三個步驟做完之後仍未讓油鍋裡的火熄滅，或是油鍋的火勢已經大到無法靠近，那該怎麼辦？這時就不建議採取其他的滅火方式，而應迅速逃離現場，並打一一九報案。

【求生隨堂考解答：B】

30秒掌握生機

油鍋起火怎麼辦？

啊！油鍋起火了，怎麼辦？

當然是先蓋鍋蓋再關爐火，別讓火繼續竄出來！

油鍋為什麼會起火？

多：油量過多

熱：油溫過熱

濺：油滴噴濺

錯誤做法

如果以水滅火的結果

水會先沉到鍋底 ▶ 迅速汽化膨脹1700倍 ▶ 發生猛烈爆炸

這樣做會引發猛烈爆炸，造成嚴重燒燙傷。

正確做法

1 蓋上鍋蓋 ▶ 2 關閉爐火 ▶ 3 靜置冷卻

三個步驟的次序不可顛倒

火勢太大無法靠近時，應該立即逃生。

第2課
高樓火警怎麼辦？

求生隨堂考

身在市區，住在高樓的好處就是視野好，可以一覽都會樣貌。假如你住在某棟高樓第二十樓，當火災警鈴響起時，你會如何應變？

☐ A. 打開門，發現向下樓梯有濃煙，立刻往頂樓逃生。

☐ B. 打開門，發現向下樓梯有濃煙，以溼毛巾摀住口鼻向下逃生。

☐ C. 打開門，不管有沒有煙，立刻搭電梯到一樓。

☐ D. 打開門，發現逃生通道濃煙密布，立刻關門。

☐ E. 立刻拿滅火器去滅火。

【答案請見文末】

現場直擊

一名女子靠在窗邊，表情絕望地朝地面上的群眾揮舞雙手，她要把孩子從窗戶拋出去，希望有人接住。

這棟二十四層的大樓發生了火災，罕見的是，每一層樓都陷入火海。受困的人們拚命在窗邊瘋狂敲擊、大聲呼救，樓內高亢的求救聲與怒火的沉重低鳴形成了巨大反差。燃燒的大樓不斷飄出像保麗龍般的東西，細細碎碎的就像雪花一樣。

外頭地面上的群眾無能為力地觀望著，窗邊的待援者從哭喊到逐漸消失在風暴般的濃煙中……失控的烈焰與求救的場景在電視新聞上不停地播送，這猶如煉獄的浩劫震撼國際社會。

❖

二〇一七年六月某日凌晨，英國倫敦一棟二十四層高的大樓發生大火。短短半小時內，烈焰沿著外牆燒遍整棟大樓，數百名被大火驚醒的居民因走避不及而困在樓內，儘管消防局緊急出動兩百多名消防員、四十多輛消防車，大火仍持續燃燒超過十二小時。熊熊烈焰之中，許多高樓層住戶逃生不及，一場大火造成七十九人罹難。

台灣也有類似案例，二〇〇三年八月，一個住宅社區大樓發生火災，停放在一樓門廳穿堂的數十輛機車被迅速引燃，並快速沿穿堂兩端外牆向上延燒。火勢不但封阻了其中兩棟的共用出口，高溫濃煙也灌入梯間，阻斷了大樓逃生通道，總共造成十六人死亡、六十八人受傷。

火災之謎：三大缺陷形成死亡鐵三角

大家不解的是，為什麼這種火災會發生在現代？而且還是在先進的國際城市？倫敦這棟大樓每層四至六戶，共有約六百名住戶，彼此共用一個位於建築物正中央的電梯（含樓梯）。

當晚四樓某戶家中冰箱故障起火，冰箱隔熱材料的易燃性導致火焰迅速延燒，點燃了建築物外牆的可燃性包覆層，同時在包覆層與建築外牆間的空隙引發煙囪效應，於是火勢以極快速度往上竄燒到頂樓，並沿著各樓層外牆可燃性包覆層往每一間屋子裡延燒，整棟建築很快就陷入火海。

整棟大樓的每一層樓都陷入火海的情況其實很罕見，但了解大樓結構後不難發現，這棟大樓其實在火災發生之前就隱藏著三大致命缺陷。

一、外牆包覆層具可燃性。這棟大樓在火災發生前一年（二〇一六年）重新翻修時，在外牆上鋪了保暖效果好、外型新穎、成本低廉但具易燃的新面板。所以當火災一發生，火勢直接沿著外牆包覆層迅速擴散到各戶，並從屋外往室內延燒。即使消防隊迅速撲滅起火戶的火，但整棟樓的外牆已燒成一片火海。

二、消防安全設備未完全發揮功效。火災發生初期，大樓的水系統（灑水頭）和警報系統（警鈴）都未完全發揮作用，有生還者說，自己是因為鄰居用力敲打大門的聲響而驚醒，這才得知大樓著火，連忙拉著家人衝出大樓。

三、**僅有一條逃生通道。**這棟大樓在設計上僅有一條室內樓梯（逃生梯），如果這裡也遭火勢濃煙侵入，面對濃煙高熱，所有人都不可能藉由「逃生」的方式出去，否則全都會在樓梯間遇難，結果就只能關門避難。但因為外牆包覆層的可燃性，火勢會沿著外牆直接往室內延燒到各戶，因此就算待在室內也同樣危險。

綜合上面的原因，外牆可燃性包覆層、消防安全設備未完全發揮功效及僅有一條室內樓梯（逃生梯）這三個原因，構成這棟大樓的火災死亡鐵三角。在如此不安全的建築環境下，如果遇到火災，先不談如何逃生避難，光是住在這裡就已經非常危險了。

避難迷思：為什麼不適用「關門避難」原則？

事發後，部分生還者陳述了這次火場的個人經驗，但似乎與我們熟知的火場避難求生原則產生矛盾。不是說「大樓火災可以採關門避難」（參第十九課）嗎？英國官方教導的「指示居民待在原地」原則遭到嚴厲批評，因為不少人關門待在原地避難，卻還是死了。

在這場火災裡，各個樓層的各個房間所面臨的情況都不相同，很難用一句話來概括應該怎麼做才能存活，但我們必須先搞清楚關門避難的目的是為了什麼。

一般來說，會選擇關門避難這個做法是因為濃煙高熱致命，因此關門是為了避開濃煙、爭取救援時間。但關門避難等同於待在原地嗎？不是，這可分成兩種情況：

第一，屋內沒起火。也就是其他戶發生火災的情況下，若逃生通道沒有濃煙高熱，可以向下逃生。但如果發現門外面或向下樓梯間充滿濃煙高熱，這時候不應該逃生，否則會在試圖穿越濃煙的過程中罹難。因此，這時應該關門避難，等待救援。

第二，屋內有起火。就像英國這場火災，延燒方式是自窗外可燃性包覆層侵入室內，直接危及生命安全。唯一的方法就是往火勢侵入的反方向逃跑，離開被延燒的房間並把逃生通道上所有門都關上，如此可暫時阻擋濃煙高熱蔓延，爭取時間往梯間逃生。

在英國這場火災中待在原地卻罹難的最可能原因是，火勢直接沿著外牆包覆層往室內延燒時，住戶當下沒有逃生或無法逃生。也有可能是火災已經發生很久，所處環境惡劣到被濃煙高熱內外夾攻。

那他們為什麼不一開始就從樓梯逃到地面？這是因為火災初期資訊不明。住戶們半夜熟睡加上警報系統失效，醒來的住戶可能只知道發生火災，但不曉得是怎麼燒的？從哪裡延燒？透過什麼延燒？怎麼會燒這麼快？完全沒有人知道這火到底是怎麼回事。

如果建築物外牆不可燃，非起火戶的屋內就不大可能忽然起火，居民待在室內一定更安全。關門避難的概念絕對不該被簡化到只是「待在原地」。火場中的頭號殺手是濃煙，不會隨著建築型態而改變，所有的逃生、避難行動的考量都是為了避開濃煙。

正確做法：力行防災五策略原則與防火管理制度

這場火災發生後，大家都很關心三個問題：

第一個問題：台灣也會發生嗎？

根據台灣《建築技術規則》規定，建築物中的梁、柱、樓板、牆壁都必須符合防火時效，天花板及室內牆面須符合耐燃規範，建築外牆至少需有三十分鐘到一小時的防火時效。這次倫敦大樓使用的易燃建材，在台灣是不可能被同意使用的。

另外，台灣法令規定，一定規模以上的場所須依法裝設消防安全設備（包括水系統、警報系統、避難系統等），並且定期檢修申報，確保消防安全設備堪用。

第二個問題：如何避免陷入這樣的火災情境？

由於高層建築的特殊結構與人口密集特性，一旦發生火災，具有濃煙密布、高溫灼熱、延燒快速、進而造成逃生不易與搶救困難等特性。因此一旦發生火災，確實比一般透天建物還危險。也正因為如此，除了要做好「防災五大策略」（參PART 3），高樓防火必須有相關軟硬體的防護，也就是「防火管理制度」。所謂「防火管理制度」就是一定規模以上建築物或公共場所，要指定專人擔任「防火管理人」，接受火災的相關講習訓練，然後根據建築物特性制訂消防防護計畫，並舉辦相關訓練，以保障場所安全。

舉例來說，火災發生時，內部的消防設備如自動灑水、水霧設備能進行初期滅火，警報系統能通知所有人發生火災，室內消防栓能提供住戶滅火的水源，緊急升降梯可搭載消防人員上樓，並運用大樓消防栓及給水口完成滅火任務。只要防火區隔做得好，火勢就不會延燒到其他樓層，火場以上的住戶也能從安全梯撤離。

要落實「防火管理制度」，除了管委會，還需要住在裡面的每一個人去關心，並做到以下三點：

一、**落實檢修申報**：關心消防安全設備是否定期檢修申報，並且落實改善。

二、**暢通逃生通道**：關心逃生通道是否暢通、樓梯間有無堆積雜物。

三、**掌握避難原則**：重新思考一次自己所知道的火災避難求生原則，是否清楚其中的意義與限制、在自己家中又如何實際應用。

第三個問題：大樓和透天厝，究竟哪個比較安全？

其實，重點不在於住哪種一定較安全，因為火災的危險性是從人一住進去就開始發生變化。不良的用火用電習慣、只顧美觀而擅自變更防火區劃、消防設備年久失修、暫用樓梯空間堆滿雜物……，都會提高火災的危險性。

面對災害，從來都不是只學習「等到災害發生時」怎麼辦，而應該為自己的生命安全負起責任，透過事前準備，努力降低「運氣」對你的負面影響。

【求生隨堂考解答：D】

30秒掌握生機

高樓火警怎麼辦？

住在高樓的視野雖好，萬一失火怎麼辦？

最大的問題是，究竟該不該逃？

高樓火災會怎樣？
濃煙密布
高溫灼熱
延燒快速
逃生不易
搶救困難
正確做法
狀況1：其他戶起火
逃生通道暢通時，向下逃生
梯間濃煙高熱時，關門避難
狀況2：家中起火
逃生，順手關門
制訂健全防火管理制度
1
指定防火管理人
2
訂立消防防護計畫
3
定期檢修申報

健全的防火管理制度是防火安全的基礎。

第3課
身上著火怎麼辦？

求生隨堂考

天冷時吃火鍋最過癮了，而為了保持火鍋裡食物的溫度，店家都會用明火持續加熱。這天你和朋友聚餐吃小火鍋，吃到一半時，店員來添加酒精膏，突然眼前一陣黑，你身上竟然著火了！這時應該如何撲滅火勢？

☐ A. 趕緊衝到有水的地方（廁所或浴室）。
☐ B. 請旁人拿滅火器直接噴向身上著火處。
☐ C. 請旁人用腳踩熄身上著火處。
☐ D. 想辦法用力拍熄身上著火處。
☐ E. 倒在地上來回滾動把身上的火壓熄。

【答案請見文末】

現場直擊

監視器畫面上，女子和友人坐在店內享受美味小火鍋。吃著吃著，發現鍋底火苗漸漸變小，原來是酒精膏即將燒盡，便請店員來幫忙處理。

店員在添加酒精膏時，突然轟的一聲，鍋底及桌面瞬間竄出大火，烈焰直撲女子的臉部、雙手、腿部。

她痛得跌坐在地、不斷哀號，同時強忍著疼痛以雙手拍熄臉部、衣服的殘火，她的表弟也衝上前幫忙。這時另一位店員端來一鍋冷水，往女子臉上潑灑降溫後，隨即送醫。

❖

二〇一五年一月，一間火鍋店因為工讀身添加酒精膏不慎，造成一名女顧客的臉部、雙手和大腿有近百分之二十的二度灼傷，頭部也有百分之四的灼傷，灼傷部位幾乎集中在臉部，幾近毀容，她的呼吸道也受損，未來可能得面臨長期的重建手術。

意外主因：酒精膏具高度易燃性

酒精膏小火鍋隨處可見，但酒精膏屬於高度易燃性，造成的燒傷意外層出不窮。酒精膏發生燒傷的原因，大部分是服務生沒有確實將原本托盤上的火勢熄滅，直接就添加了酒精膏補充液。

如果要添加酒精膏，最安全的方式是讓店家先在一旁點燃後再端上桌。如果正好吃到一半發現火力減弱，也應該以新容器重新添加酒精膏後再點燃，切勿直接在舊容器內加燃液。此外，添加時應保持適當距離，倘若酒精膏不小心濺了出來，必須先擦拭乾淨才可以再點燃火苗。如果店員疏忽風險或不熟悉作業情形，很容易釀成意外。

其實不只是酒精膏，像是歡樂派對使用的高壓填充彩帶罐、泡沫噴罐也因含有微量易燃氣體，只要遇到一點火星就會起火燃燒。過去國外就發生過不少案例。舉辦生日派對時，旁邊的人為了炒熱氣氛，拿出噴射彩帶往壽星臉上噴，因為太靠近蠟燭火源，沒想到噴到一半，女孩頭部瞬間著火。也曾在一場婚禮上，原本用來祝賀新人幸福美滿的五顏六色彩帶因為接觸了火源，竟然成了火柱，除了新郎頭部著火，新娘全身也多處二度灼傷。另外，平時家用的髮膠、殺蟲劑或清潔劑等，因為都含有酒精成分，使用時一定要遠離火源，才能避免發生意外。

錯誤做法：身上著火時不可奔跑和拍踩

在周星馳的電影《東遊記》中，星爺的褲襠著火，只見他不慌不忙、沉著冷靜地躺下，旁邊兩排幫眾當場圍成一圈，朝星爺胯下猛踩，結果就把火「踩熄」了。但搞笑的電影效果若在現實中實踐，不僅無法撲滅身上的火，還會讓著火者身受重傷。

錯誤的應變方式造成的傷害，有時候比不應變來得大。

當人身上著火時，常會驚慌失措地拔腿就跑或急於找人解救，一旦奔跑或奮力以手拍打，反而會增加空氣的流動，使得火勢愈燒愈大。除此之外，也應盡量避免用滅火器直接對傷者噴射，因為滅火器中的藥劑成分可能造成傷口感染。

因此，當身上著火時，切記不可以奔跑和拍踩。

正確做法：立刻「停」、「倒」、「滾」

步驟一：停（停止動作）。為了避免帶動空氣流動、助長火勢，應立即停止任何揮舞掙扎或奔跑，盡量保持冷靜。

步驟二：倒（就地倒下）。趴下、躺下、側倒都可以。如果手部沒著火，應以雙手掌心向內摀住臉部，雙肘向內貼緊胸口。戴眼鏡的人應先脫去眼鏡，手掌盡可能完全與臉部密合，尤其完全包覆眼、鼻、口，以防火勢向上燒時，因熱空氣或火焰造成上呼吸道傷害，以及有毒煙霧或氣體成分侵犯支氣管及肺部，傷害了呼吸系統功能。如果手部已著火，則不能碰觸臉龐，而應將雙手如立正姿勢貼緊褲縫。

步驟三：滾（左右滾動）。藉由左右滾動身體、貼緊地板可減少火和空氣接觸，有效阻絕氧氣助燃，並壓掉身上的火勢，直到完全撲滅為止。滾動時，注意要讓身體盡量與地面貼平。

採取仰姿時，常見的錯誤動作是，著火者因為害怕頭部撞到地板，結果仰躺時肩頸用力抬起頭部，卻也讓肩膀騰空無法完全貼近地面，反而無法壓熄火勢。而採取俯姿時，手摀的面部也同樣要緊貼地面。

旁人若要幫忙，可協助著火者停倒滾，或拿較大的布或毛巾覆蓋著火者以阻絕空氣。

後續處理：緊急處置「沖、脫、泡、蓋、送」

當身上的火已經熄滅時，接下來就要執行燒燙傷五字訣「沖、脫、泡、蓋、送」，執行的重點在於施行「次序」，千萬不可以顛倒調換。

步驟一：沖。絕對不要急著脫去衣物！先將傷患帶至安全處，大量沖冷水，快速降低皮膚表面熱度。燒燙傷發生的時間有時只有幾秒，但熱能已從表皮滲透進入皮下組織，至少要沖水十五至三十分鐘才能帶走熱能。水龍頭的水量不用太大、太強，以免沖破表皮。

步驟二：脫。小心去除衣物，用剪刀剪去傷患的衣物與配件，可暫時保留黏住的部分。動作要輕緩，不要連皮膚一起撕下來。

步驟三：泡。沖泡或浸在冷水中至少三十分鐘。泡水時，可以隔水加點冰塊幫助皮膚降溫，但不要直接用冰塊冰敷在患部，因為這時的皮膚已失去保護能力，直接冰敷可能會凍傷。

步驟四：蓋。以乾淨床單、布、輕便衣物覆蓋，如果傷勢較嚴重，可用保鮮膜或乾淨塑料袋輕輕蓋住傷口。這樣能保持傷口清潔、避免感染，也不易黏在傷口上，並隔絕空氣接觸傷口，緩解疼痛。

步驟五：送。待急救人員送醫院急診室或燒燙傷中心治療。

【求生隨堂考解答：E】

30秒掌握生機

身上著火怎麼辦？

身上著火了，第一件事該做什麼？

當然是撲滅火勢，但絕對不可以奔跑！

錯誤做法

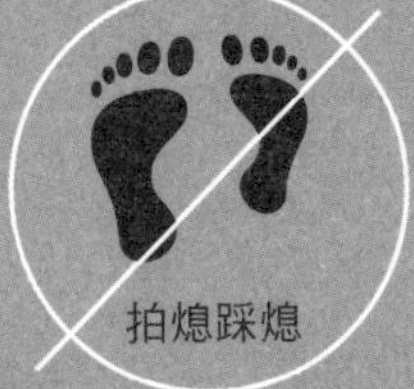

這樣做火只會愈燒愈大，甚至造成傷口感染！

正確做法

停

為了避免帶動空氣流動、助長火勢。應立即停止任何揮舞掙扎動作，盡量保持冷靜。

倒

就地躺下或趴下、側倒，以雙手摀住臉部，尤其眼、鼻、口須完全包覆。若手部已著火，則應將雙手貼緊褲縫。

滾

貼緊地板，左右滾動身體，直到完全撲滅火勢。旁人若要幫忙，可協助拿較大的布或毛巾覆蓋著火者。

最後依燒燙傷程序「沖、脫、泡、蓋、送」處置傷口。

第4課
粉塵火災怎麼辦？

求生隨堂考

WOW！這是全亞洲最大的彩虹party！音樂進入最高潮時，舞台兩側朝台下群眾噴灑出一片七彩的玉米粉煙霧。剎那間，七彩炫麗景象忽然成了一片火海，原本的歡呼轉為震耳欲聾的慘叫。如果你身在其中，身上沾染的彩粉燒了起來，這時你該如何讓身上的火熄滅？

☐ A. 一邊拍打身上著火處，一邊盡快逃離此處。

☐ B. 躺在地上，來回滾動。

☐ C. 待在原地不動，雙手遮住臉。

☐ D. 請旁人用手邊飲料幫忙滅火。

☐ E. 請旁人用衣服幫忙拍打。

【答案請見文末】

現場直擊

一場號稱全亞洲最大的彩虹 party，現場滿是繽紛的七彩玉米粉，歌手在舞台上賣力演出，群眾們個個光著腳丫踩踏地上，在炫麗的燈光陪襯下扭動肢體。晚上八點半，派對進行到最高潮，台上工作人員索性打開所有加壓的彩粉鋼瓶，一股腦的向熱情的觀眾噴發，為這熱情的彩虹 party 畫下完美的句點。

忽然間，台下閃過一大片強烈火光，同時伴隨著轟然巨響，整個舞台邊緣遭烈焰吞噬。大家都還沒回過神來，現場已經多處起火，超過五百人捲入火舌之中，原本歡樂的舞池瞬間變成烈火灼身的人間煉獄。

痛苦掙扎的尖叫聲不斷響起，群眾爭先恐後逃離舞池。舞台前排已經有人昏迷倒地，有人被現場可怕的景象嚇得拔腿狂奔，還有人全身著火、奮力掙扎……。但悲劇之神仍不罷手，零星火焰持續引燃部分在地上飄動的彩粉，踩過的腳印揚起的火舌張牙舞爪，像是要把人們再次拖回這個煉獄。

消防局接獲報案後，緊急救護人員陸續抵達現場，滿山滿谷的傷者痛苦地哀號著，有的躺在地上，有的坐在游泳圈上或水桶、推車上，傷勢較輕微的人則泡在環狀戲水池裡降溫。地上充斥著一攤攤血水，彷彿控訴著這場悲劇是多麼的痛徹心扉！

二〇一五年某日晚間，知名遊樂園發生極其嚴重的粉塵火災（不是粉塵爆炸），由於現場群眾幾乎身著泳裝且赤腳，當玉米粉塵瞬間燃燒時，全身上下都暴露在粉塵火焰中。

一批批救災、救護人員全速趕到現場實施急救及傷患後送，用盡一切努力進行搶救，希望從鬼門關前拉回每一條珍貴的生命。然而，這場火災最終還是造成十五人死亡、四百八十四人燒傷，是台灣有史以來最嚴重的大型活動災難事故。

意外發生後，電視新聞密集追蹤報導傷患的救治情況，更天天上演著如何究責活動廠商，以及哪位政府官員應下台負責。但我們最需要知道的應該是：假設自己當時在現場或未來遭遇類似情況，例如自己或旁邊的人身上著火，當下可以做什麼、又該避免做什麼。而在此近五百人傷亡的意外背後，又是什麼原因加劇了傷害的嚴重度？

逃生禁忌：著火逃跑如同火上加油

當身上著火後，人在疼痛或有生命危險時總會本能地想逃離現場求生，但以前述個案的情況來看，奔跑反而會造成空氣及粉塵的劇烈擾動。因為無論是奔跑或身體扭動、揮動肢體，都會加速新鮮空氣的供應，使身上的火勢燃燒得更劇烈。

另外，在奔逃的過程中，腳步會揚起原本疊積在地上的粉塵，引發燃燒，因此造成許多傷者的腿部、腳掌皮膚剝落，露出鮮紅的真皮底層。簡單地說，在那種情境下奔跑會帶動更多飛散的粉塵及新鮮空氣，加劇身上火勢的燃燒與擴大，如同火上加油。

不正確救援：錯誤滅火將加劇燒傷程度

看到有人身上著火而痛苦時，或許會覺得自己該做點什麼來救對方。那麼該用什麼方式救火呢？滅火器？用水潑？還是脫下衣物拍打？我們看看這些方式分別會發生什麼事。

首先，回到前面的案例。當時現場確實有人拿滅火器嘗試往台下滅火，然而噴出時帶動了強烈氣流，同時吹起地上堆積的玉米粉塵，結果滅火反成了助火。瞬間，被噴灑的區域從零星火苗變成一片火海，造成更多人受傷。

其次，當時的舞池是已抽乾的游泳池，根本沒有充足水源能直接浸泡，因此有人以手上的飲料淋在身上降溫。但如此微量的水碰觸正著火高熱的身體，不僅無法滅火降溫，水還會瞬間汽化為水蒸氣，進一步擴大燒燙傷區域，結果變得更嚴重了。

第三，當時有人脫下自身衣物想拍熄他人身上的火，但由於溫度太高而無法靠近，只能抓住衣服一角，隔著一段距離朝對方身上猛揮舞拍打。但這個動作就像奔跑會造成的影響，反而帶動更多空氣幫助粉塵燃燒，使得著火者身上的火燒得更旺盛。此外，由於拍打力道大，很容易黏住或撕碎傷者已燒傷的皮膚，造成更嚴重的傷害。

面對火災，儘管出於一片熱血或直覺去滅火，但錯誤的滅火方式將使他人傷得更重。

保命策略：摀住臉部，站在原地，不要亂動

逃跑很慘，滅火更慘，那究竟該怎麼辦？

玉米粉的粒子其實很小，雖然看起來燒得很猛烈，但很快就會燒光熄滅，而且它必須接觸到流動的空氣或飄散在空中才會燃燒。因此如果身上著火了，為了降低傷害就只能做一件事，即「摀住臉部，站在原地，不要亂動」，這是唯一最佳的生存策略。

「摀住臉部」是為了隔絕臉部周圍空氣，避免顏面燒傷，造成呼吸道、五官等損壞，並減少吸入性嗆傷。「站在原地」是因為奔跑會加速空氣流動、揚起粉塵，造成身上火勢擴大。「不要亂動」也是避免因肢體揮舞，使得身上燃燒的粉塵再度與空氣接觸燃燒。

燒燙傷已經造成，但別再擴大嚴重程度，這是唯一能讓身上的火盡速熄滅、燒傷程度降到最低的方法。要注意的是，因粉塵造成身上著火絕不能採取「躺、滾」等動作，會因此掀起堆積在地上的玉米粉，原本身上的局部燒傷可能變成全身性燒傷。

【求生隨堂考解答：C】

30秒掌握生機

粉塵火災怎麼辦？

沒想到演唱會或派對常用的七彩玉米粉會引發火災！

如果不幸身上著火了，該怎麼自救呢？

錯誤做法

這些動作會帶動空氣流動，助長粉塵燃燒，擴大火勢。

錯誤滅火

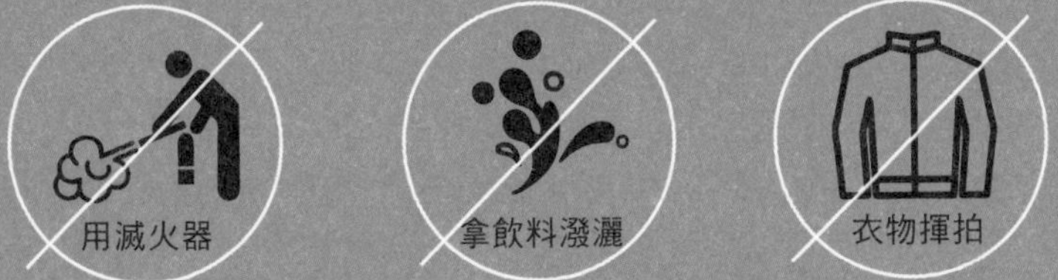

錯誤滅火方式會加劇燃燒，擴大燒燙傷面積及嚴重程度。

正確做法

1 摀住臉部

2 停在原地

3 不要亂動

燒燙傷已經造成，只能透過正確動作避免擴大嚴重程度。

第5課
公共場所失火怎麼辦？

求生隨堂考

忙碌了一週，星期五晚上一定要好好慰勞自己，於是你到一間音樂餐廳享用美食佳餚，而你的位置被安排在舞台邊，正好可以近距離欣賞台上表演。吃到一半時，突然發現舞台上方的帷幕燒起來了，這時你會怎麼做？

☐ A. 馬上逃生，剛剛怎麼進來就怎麼出去。

☐ B. 保持優雅、氣定神閒，看看其他人怎麼做再說。

☐ C. 幫忙找滅火器，協助滅火。

☐ D. 不用理會，餐廳工作人員會來處理。

☐ E. 馬上逃生，從就近的出入口離開。

【答案請見文末】

現場直擊

午夜的 Night Club，狂野的音樂撩動著台下的樂迷。

忽然眼前一亮，舞台上早已精心安排好的三具煙火同時噴發，源源不絕的火星向四處噴濺，彷彿將整個夜晚的能量傾瀉而出，一次就要沸騰。主唱歌手張開雙臂，台下觀眾跟著歡呼、尖叫，氣氛炒熱到最高點，進入瘋狂狀態。

不一會兒，煙火的火花飛濺到布幕，點燃了火苗。幾個機警的觀眾馬上發現不對勁，但絕大多數人都以為是演唱會的特效。

不到十秒鐘，火焰很快地從舞台布幕蔓延到天花板，現場開始煙霧瀰漫。大家紛紛往出口移動，但人潮實在太多，離舞台較遠的觀眾甚至不知道發生什麼事。

這時，場內的烈火濃煙像是猛踩油門般加速肆虐，狂歡的群眾轉為驚恐，倉皇地向外跑。有位攝影師從頭到尾把畫面拍了下來，他逃到外面後回頭一看，所有對外的窗戶已是滾滾黑煙，而這不過才一分鐘的時間。

他繞回前門，哀號聲與慘叫聲愈來愈清楚，赫然映入眼簾的是剛剛走在較後面的觀眾，十多個人堵在約兩公尺寬的夜店門口，擠成一團，地上甚至有幾人因跌倒趴著。

趴在地上的人已經動也不動，連發出哀號都沒有。而疊在上面的幾個年輕人面目猙獰地大口喘息，拚命往外推擠。剛逃出來的人想幫忙把他們拖出來，但沒辦法，全都卡住了。那個畫面就像在地獄，一堆人肢體交纏擠成一團，後面還有看不到的近百人正被烈焰濃煙火烤著……

❖

這是二〇〇三年二月發生在美國夜店的意外，當時正舉辦現場演唱會，表演團體在舞台上燃放煙火，結果造成九十六人當場喪生，四人送醫後不治，一百八十人受傷。

同樣的意外事故在台灣也發生過。

二〇一一年三月某日凌晨，台中知名夜店裡正上演猛男火舞秀。火舞者拋接火舞棒時，火花竄燒到天花板的隔音泡棉，由於隔音泡棉早已老舊且吸附了煙油，於是瞬間引燃，釀成了九死十二傷的慘劇！

潛藏危機：消防安全設備是關鍵

我們的活動地點除了自家之外，還會去其他地方，例如去唱KTV、去餐廳吃飯、去健身房運動、去電影院欣賞電影、去醫院做健康檢查、去大賣場採購年貨、去百貨公司血拚……，這些聚集了大量陌生人的公共場所，一旦發生火災，火勢的變數極大，就算在看到火光的那一刻馬上起身離開，也不一定能活著出來。

在前面兩個例子中，場所裝潢材質的安全性與消防安全設備的合法性，是造成火苗是否起燃及延燒速度的原因。在台中夜店災後，消防法緊急修正公布，供公眾使用的建築物非經申請許可，不得以產生火焰、火花或火星等方式進行表演性質活動，違者將受罰。

逃生盲點：人的避難本能往往造成嚴重傷亡

從人在火場中求生避難的行為來看，與生俱來的生物本能卻往往也是造成嚴重傷亡的主因，包括：

本能一：盲目朝光亮處逃生。現代建築的室內光源相當複雜，在緊急危險的情況下，人會直覺向著有光且明亮的方向逃生，如此反而可能忽視正確的逃生動線。而當發現出錯想要折返或改變路徑，火場環境已經變得更嚴峻，喪失逃生時機。

本能二：盲目跟著別人逃生。面臨生命威脅的緊急危險狀態時，人可能因過度驚慌而失去冷靜判斷能力，加上從眾心理，便盲目跟著別人錯誤的行動逃生，如跳窗跳樓、躲廁所、衝上頂樓等。

本能三：從進來的原路逃生。這是最常見的火災逃生行為，大家的本能反應都是「怎麼進來就怎麼出去」。除了自己家裡，我們並不熟悉其他大多數建築物內部的空間配置與道路出口，一旦發生火災，總習慣沿著進來的出入通道逃生。再者，當大量人群都從同一路徑、同一出口逃生時，就會因壅塞而嚴重拖慢離開火場的速度。以前述兩家夜店為例，在場客人只知道進場的唯一出入口，所以火災一發生，所有人就拚命往當初進場的門口擠去，以致造成嚴重傷亡。

那麼猜猜看，在美國夜店火災案例中，離進場入口最遠、在舞台上表演的四人樂團，有多少人生還呢？基於「表演舞台離進場入口最遠」及「事發一分鐘出入口就堵塞」兩個原因，似乎不難判斷應該是全部罹難吧？

不，他們全部生還。

怎麼可能?!他們是破窗出去嗎？不是。歌迷禮讓？也不是。正確答案是：他們「走後門」逃走了。這是因為樂團一開始並不是跟著觀眾從餐廳大門進來的，而是表演前就從餐廳後方側門進來，在舞台後方的休息室準備、換裝、調音。因此火災發生時，所有觀眾轉身逃向大門口的那一刻，樂團的四人也轉身向舞台後方側門逃生。

最慘的就是靠近舞台的觀眾，看著前方逃生出口擁擠不堪，絕望之餘，卻不知道後方幾公尺就是活路，他們腳底所踩的位置，正是天堂與地獄的交接處。

正確做法：確認逃生口並保持警覺

我們到公共場所時，雖然無法把建築物內部的空間配置與所有道路出口都探究清楚，但為了安全起見，有幾件事還是必須做的：

一、**檢查第二逃生出口**。第二逃生出口通常在設置防火門和安全梯的位置。因公共場所火災情況複雜、變數極大，身為顧客首要且唯一的事情，就是能在火災發生時立刻掌握正確方向，盡速逃生。以一九九五年衛爾康西餐廳大火來看，起火點在二樓舞台上方天花板，二樓除了有一條通往一樓的樓梯外，後方其實還有一個隱密出口，但二樓的顧客沒有一個人知道，而當時很多員工都是利用這個出口逃到隔壁建物的屋頂。

二、**確認梯間是否暢通**。就算找到第二逃生出口，但有些店家基於方便管理會把門反鎖，或在門後堆放貨品雜物，結果門打不開也阻塞了逃生動線，因此確認逃生梯路線是否暢通十分重要。二〇一一年，前述台中知名夜店的起火點在二樓樓梯口，但二樓唯一的逃生門在第一時間並未被打開，側門也因被汽車擋住無法開啟，別無選擇的情況下，一樓大門成了唯一出口。

三、**隨時提高警覺**。再次強調，公共場所的火災情況複雜、變數極大，我們根本不知道哪裡是潛在的安全漏洞、哪裡最容易燒起來，以及燒起來會有多快速、多嚴重。因此，隨時要以較謹慎的態度面對可能的突發意外，注意周遭異常狀況，並果斷應變、逃生。

二〇〇九年元旦，泰國曼谷夜店發生嚴重火災事件，後來這起事件被改拍成恐怖電影《失火夜店的喪命焦屍》，我在觀看時，深切感受到片中因火罹難的惡鬼，當時面對火場煉獄的內心是多麼恐懼，想要復仇的心情有多麼悲憤。

因此，政府對於公共安全的把關，無論是裝修材質、任意改建、消防安全設備等，一天都不能鬆懈。更重要的是，每個人對於自身安全的責任，絕不能有一絲馬虎。

【求生隨堂考解答：E】

30秒掌握生機

公共場所失火怎麼辦？

百貨公司週年慶人潮超多，遇火警時一定很恐怖。

所以一定要隨時提高警覺，也要先掌握好逃生動線。

公共場所特性

逃生時不能只依賴本能

公共場所環境複雜、火災變數大，逃生時不能只依賴本能。

正確做法：事前勘查逃生路線

1 檢查第二逃生出口

2 確認梯間是否暢通

隨時提高警覺，遭遇火災果斷應變逃生。

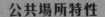

第6課
瓦斯氣爆怎麼辦？

求生隨堂考

瓦斯是最方便的能源，遍及家家戶戶，從一攤接著一攤的夜市、小吃店、早餐店、小餐廳到飯店，幾乎都在使用。但如果你突然聞到瓦斯漏氣的氣味，第一時間該怎麼做？

□ A. 為了避免瓦斯中毒，趕緊用溼毛巾摀住口鼻。

□ B. 打開電風扇加速通風。

□ C. 迅速推開窗戶，讓空氣自然流通。

□ D. 檢查爐具，關閉瓦斯開關。

□ E. 打119報案。

【答案請見文末】

現場直擊

一聲轟然巨響，原本街上熙來攘往、人聲鼎沸的店面及民宅遭到突如其來的震動，隨即陷入火海，現場冒出大量濃煙及火光，停放在周邊的多輛汽機車也遭到波及。現場哀號聲四起，有人逃命，有人搶著救人。

「我看到兩個女生衣服焦黑地逃命求救，以為是恐怖攻擊！」一名大學生驚恐地說。

這間餐廳發生氣爆當下，強大的爆炸威力連隔壁房屋都震塌了，瓦礫堆堵在餐廳前門，裡頭的客人和員工逃不出去，紛紛往後門逃竄，但後門也遭崩塌的碎石磚擋住，眾人從門內奮力推擠，也僅能推出一小條門縫。

這時，全身燒得焦黑、衣服破爛如碎布的餐廳老闆，不顧身上嚴重的燒燙傷與疼痛，用最後一絲力氣搬開碎石磚，讓十幾個人從後門逃出。

爆炸後的街道像是戰爭後的廢墟，烈火燒毀了整條街，遠在數公里外都能看到冒出的濃煙，街景彷彿被掏空了肉體，只剩下殘破的支架。

二〇一七年七月某日中午，一家餐廳發生瓦斯氣爆，強大的爆炸威力引發後續的火勢延燒。消防局立即出動大批人車前往搶救。這場氣爆最終造成三人死亡、十三人輕重傷，是近年來最嚴重的瓦斯爆炸案。

基本認識1：瓦斯是什麼？

瓦斯依照成分可以分成液化石油氣（liquified petroleum gas，簡稱LPG）及天然氣（Natural Gas，簡稱NG）兩類。液化石油氣一般常加壓成液態儲存於鋼瓶中，常稱「桶裝瓦斯」，主要成分為丙烷與丁烷，比空氣重，漏氣時容易蓄積在低處。天然氣則由瓦斯公司鋪設管線供用戶使用，主要成分為甲烷，較空氣輕，洩漏時容易往上飄浮、擴散於空氣中。

聞到瓦斯味並不會有中毒的疑慮，坊間一般所說的瓦斯中毒，指的其實是因「燃燒不完全」產生一氧化碳造成中毒窒息。瓦斯本身無色無味，但因具易燃及易爆的危險性，基於使用安全考量，都會添加臭劑（硫化物），以利察覺漏氣。當瓦斯與空氣混合、達到燃燒範圍時，會因外來火源、抽菸或開關電器產生火花而引爆。

你或許會擔心，如果瓦斯這麼危險，滿街的瓦斯鋼瓶不就和戰場上的地雷區一樣？其實，瓦斯鋼瓶要直接爆炸有相當的難度，原因有三：首先，鋼瓶的材質經過國家防撞擊檢驗，就算重摔也不容易爆炸；其次，鋼瓶的容器閥都設計了緊急洩壓孔，當瓶內壓力上升時就可及時洩壓，不會導致鋼瓶爆炸；第三，即使瓦斯鋼瓶閥口冒出火，但因鋼瓶裡沒有氧氣，並不會在桶內瞬間燃燒爆炸。

基本認識2：瓦斯為什麼會爆炸？

那麼，什麼樣的狀況下才會導致瓦斯氣爆呢？

第一種狀況通常發生在相對密閉的空間內，因為器材故障或人為操作不當，致使瓦斯外洩，逐漸累積濃度並與空氣混和，一遇到碰撞或火花，空間裡的瓦斯就會一次性地劇烈燃燒引爆。而這也是前面案例中瓦斯氣爆發生的初始原因。

當時瓦斯行員工正協助餐廳更換瓦斯桶，結果不慎翻倒瓦斯桶，並摔落至地下室。瓦斯桶經過撞擊，導致大量瓦斯外洩並在地下室蓄積，餐廳老闆急著吹散瓦斯，拿出工業用大電扇，卻在插電時引發第一次氣爆。餐廳老闆與前來協助處理瓦斯外洩的瓦斯行老闆首當其衝，瞬間爆炸的高熱將兩人燒到衣不蔽體，全身有百分之九十遭到二至三度灼傷，經插管搶救，兩人最後傷重不治。

另外一種狀況比較少見，即鋼瓶外部受熱（通常是火災），致使內部壓力過高而爆炸，也就是台中餐廳氣爆案的「二次爆炸」。

第一次氣爆後，另一支傾倒的瓦斯桶在大火高溫燃燒下，鋼瓶內的液態瓦斯遇熱膨脹成蒸氣，從瓦斯鋼瓶最脆弱的地方炸開，引發了第二次爆炸，也就是所謂的BLEVE（Boiling Liquid Expanding Vapor Explosion，沸騰液體膨脹蒸氣爆炸）現象。這次的震波威力更強大，並引發後續嚴重火災，造成更多傷亡。一名住在餐廳二樓租屋套房的女大學生在氣爆發生後躲在浴室，消防人員發現時，她已蜷曲燒焦，躺在浴室地板上。

正確做法：禁火、關氣、推窗、報案

一次次的悲劇除了提醒大眾對於集中攤販、夜市等密集用火用電安全外，在享受都會區的生活便利之餘，每個人都應該知道瓦斯的危險性，一開始就要盡力降低風險，避免災害發生。

事前安全措施及防範最重要，店家應依法做好各項安全固定措施、設置緊急遮斷閥，並強化瓦斯桶安裝、運送上的安全。

二〇一八年二月，一間便當店也發生瓦斯氣爆事件，當時玻璃瞬間震碎，如血滴子般往外噴出，造成十六人受傷意外。事故主因就是瓦斯鋼瓶沒做好安全固定措施，員工拿掃把時不慎扯倒後就噴出瓦斯，加上旁邊就是正在烹煮的瓦斯爐，一旁的員工根本來不及處置，不到五秒就發生爆炸。

若真的發生瓦斯外洩，甚至爆炸，我們應該如何應變？當嗅到濃濃的瓦斯味時，正確的處理步驟如下：

一、**禁火**：禁止使用任何火源及電器，更不可使用電扇或抽油煙機。

二、**關氣**：檢查瓦斯爐、熱水器並關閉開關閥，或先用膠布纏包。

三、**推窗**：「慢慢」推開窗戶（以免因摩擦產生火花），讓空氣自然流通。

四、**報案**：離開現場到安全的地方，然後撥打一一九報案。

但如果是在大量使用火源的場所（如餐廳、廚房），瓦斯洩漏與空氣混和後，可能幾秒內就會接觸火源、引發爆炸，這時應該立即到戶外逃生避難。

倘若不幸遇到爆炸，無論是瓦斯氣爆或任何型態的爆炸，第一時間應該馬上趴下或臥倒、背向爆炸點，用雙手保護頭部，降低爆炸時所可能承受的最大傷害。

爆炸後應盡快離開現場，避免二次災害。離開時盡量避開窗戶、柱子、玻璃等，降低身體高度，快步離開。

【求生隨堂考解答：D】

30秒掌握生機

瓦斯氣爆怎麼辦？

好像有瓦斯漏氣的味道，該怎麼辦？

千萬要小心，免得引發爆炸！

瓦斯外洩時錯誤做法

瓦斯無毒但易燃易爆，若開啟電源或因摩擦產生火花就會引爆。

瓦斯外洩時正確步驟

禁火 禁止任何火源及電器，如電扇或抽油煙機。

關氣 檢查瓦斯爐、熱水器並關閉開關閥。

開窗 慢慢推開窗戶，以免因摩擦產生火花。

報案 離開現場到安全的地方，撥打119報案。

爆炸時正確做法

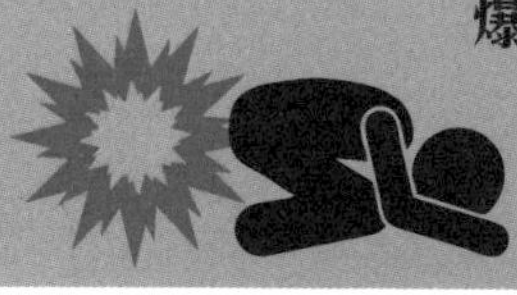

- 背向爆炸點
- 雙手保護頭
- 趴下或臥倒

聞到異味當心火花，優先通風謹慎以對。

第7課
火燒車怎麼辦？

求生隨堂考

期盼已久的連續假期終於來到，全家人開心搭乘遊覽車出遊。行駛在高速公路上時，車頭駕駛座附近突然起火，火勢迅速蔓延，坐在靠近車尾的你此時該怎麼辦？

☐ A. 從車輛前方的門逃生。

☐ B. 從車輛後方的緊急出口逃生。

☐ C. 立刻打119報案。

☐ D. 拿車上配置的滅火器前往滅火。

☐ E. 雙手用力搥破車窗逃生。

【答案請見文末】

現場直擊

「整輛車沒有一個人出來……」

目擊者是一位砂石車司機，第一時間見證了一輛遊覽車火燒車的全部過程。

他開著砂石車經過這輛遊覽車時，感覺狀況不太對勁，行進時搖搖晃晃，接著突然衝撞路邊護欄，車頭隨即起火。他急忙靠邊停車，拿出滅火器幫忙滅火，但火勢愈來愈烈，只好趕緊撥打一一九。這時警察也到了，兩人手持滅火器狂砸車窗，想打破窗戶救人。

他們一邊砸窗，一邊隱約聽到車內傳來呼救及不斷拍打車窗的聲響。短短幾分鐘內，車內有人已經嗆暈，有人身上著火，到處都是慘叫哀號。走道上塞滿乘客，還有人爬上椅子捶擊窗戶。隨著濃煙快速蓄積，整輛車熱到像是要爆炸一樣。

他們不知道車內有多少人，只能繼續敲著那高度超過兩公尺半的車窗。不一會兒，火勢濃煙就吞沒了全車。

❖

二〇一六年七月某日中午，一輛旅遊團遊覽車於高速公路上自撞，緊接著起火燃燒，包括司機、導遊及遊客共二十六人當場被燒死或濃煙嗆死，其中包括三名孩童。

消防隊火速趕到現場、撲滅火勢，但整輛車早已燒得焦黑，只剩下骨架。車內滿是焦屍，遺骸黏住車體內裝，消防人員破壞車體打開右後方門後，驚見九具焦屍堆疊在一起，死狀淒慘，場面駭人。這是近十年來最慘重的火燒車意外，全車罹難，無一倖免。

逃生疑點：怎麼沒人逃出來？

我們不禁納悶：遊覽車不是有逃生出口，怎麼沒人逃出來？沒人知道要打破窗戶嗎？擊破器不就在旁邊？從整起事故可以歸結出三個可能的致命原因：

一、蓄意縱火，延燒極快

一般遊覽車的引擎、冷氣和油箱都集中在車後，所以起火點大多發生在車的後段。輪胎過熱也會起火，但這次是駕駛將汽油潑灑在駕駛座附近後點火引燃，因此從車頭先起火。駕駛及導遊烈焰著身，第一時間無人協助引導乘客逃生。

二、乘客不熟悉車上各個可逃生的位置

車頭起火後，整輛車先擦撞道路內側護欄，再失控滑行並撞擊外側護欄後才停止。人的避難習性會從走過的路徑逃生。當時現場情況合理推測可能是這樣：乘客們第一

時間會往遊覽車右前方及右後方車門逃難，也就是往剛才上車的門移動，但前車門被火勢擋住去路，右後車門又遭外側護欄卡死，所有人在走道上擠成一團。

在這樣的情況下，最有機會的求生出口是車輛左後側的安全門和車頂天窗，但如果一開始沒有掌握好各個逃生出口位置，危急時刻根本來不及應變。

三、乘客找到逃生出口，卻不知道開啟的要領

乘客中可能有人找到滅火器，但車內塞滿人，沒有足夠操作的空間，也無法有效噴向起火點。也應該有人找到左後方安全門，但無法順利開啟。隨著濃煙愈來愈濃、火勢愈來愈猛烈，應該還有人想到要打破車窗，但憑蠻力怎樣都無法破窗。

事實上，遊覽車發車前，依法須播放逃生安全影片，詳細說明如何使用安全門、天窗和車窗擊破器的逃生程序，如果業者便宜行事沒有播放或乘客沒有仔細觀看，意外發生當下，根本不知道該如何解鎖逃生。

應變做法：以最快速度逃離車體

意外發生當下，我們其實不會如想像中鎮定，反而在慌亂中變得不知所措。面對遊覽車起火，分分秒秒都在跟時間賽跑，而死神給予的應變時間可能只有短短不到一分鐘。

大客車火災的最大危險在於只要燒到乘客區域，火勢蔓延就非常迅速，加上遊覽車為密閉空間，第一時間若無法撲滅火勢，煙熱將迅速占滿空間，因此唯一策略便是「以最快速度逃離車體」。事前做好以下準備，有助於發生意外時爭取時間、加快逃生速度。

一、熟悉逃生出口及開啟方式。一般大客車除了前後車門外，還有兩個緊急安全逃生出口。一個是「安全逃生門」，大多位於車身左側中後段，並標明了「緊急出口」四個字，只要將下方紅色保護蓋由上往下打開、旋轉把手便可推開。另一個為「車頂逃生口」，提供車輛發生緊急翻覆後使用，只要把車頂逃生口的紅色開關旋轉至開啟位置，然後往外推出就可以逃出了。

二、使用車內滅火器。依規定，國內大客車須配有兩具滅火器，使用方式與一般滅火器相同，一具通常放置於駕駛座後方，另一具則置於車身左側中後段的安全逃生門附近。

三、善用車窗擊破器。大客車依法須至少放置三具車窗擊破器，一具擺放在駕駛座附近，另外兩具則置於兩側車窗。使用時，用力擊碎安全窗上標明擊破點的四個角落，如果敲擊車窗後只出現裂痕卻未完全破碎，可再使用車內滅火器加以撞擊，便可逃生。

【求生隨堂考解答：B】

30秒掌握生機

火燒車怎麼辦？

搭大客車時需要注意什麼？

絕對要留意各個安全出口的位置，確保安全。

大客車火災的危險

了解大客車安全配備

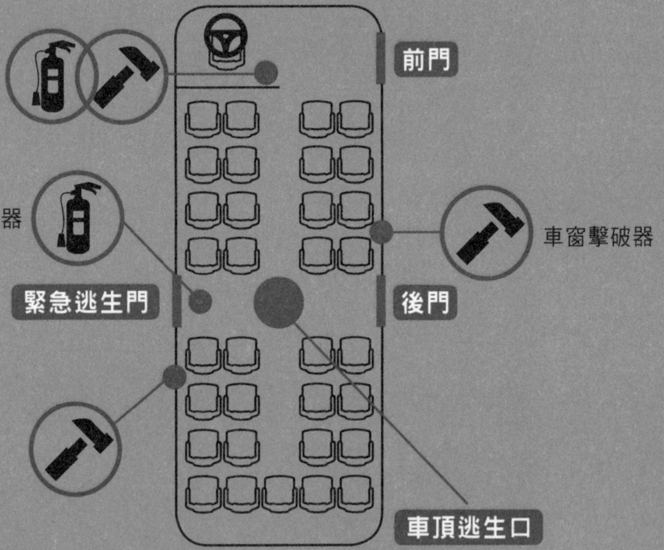

事先掌握逃生門、滅火器、車窗擊破器位置。

大客車起火延燒極快，須盡速應變逃生。

第8課
隧道火災怎麼辦？

求生隨堂考

若某天當你開車進入隧道後，發現前頭有陣陣濃煙阻礙了視線，前方不遠還處冒出了火光，隧道內的車速慢了下來，你的車也跟著停住。這時你會怎麼做？

☐ A. 趕緊把車迴轉調頭。

☐ B. 暫時留在車內避難，等待救援。

☐ C. 立刻下車，步行至前方幫忙滅火。

☐ D. 立刻下車，趕緊往車子前方逃生。

☐ E. 立刻下車，趕緊往車子後方逃生。

【答案請見文末】

現場直擊

後方突然猛力撞擊，震醒了客運上睡夢中的乘客。

伴隨著巨大聲響，客運司機從後照鏡驚見一團火球冒出來，連忙大喊：「後面火燒車了，趕快逃！」

不到幾分鐘，隧道內頓時濃煙密布。

「行李不要拿了！往前跑！往前跑就對了！」客運司機拚命狂喊，要旅客趕快離開。

所幸客運的車體並未嚴重變形，乘客們紛紛從前門及後方逃生門下車逃命。在能見度不到兩公尺的隧道裡，客運司機辨識出緊急出口燈，引導乘客沿出口樓梯往下進入緊急避難空間後，轉身拿了車用滅火器，打算回頭去幫忙滅火。

瞬間又砰一聲！撞擊客運的那輛小貨車後方的客運巴士也起火燃燒，火勢大到他只得趕快奔回逃生口。

消防隊十萬火急趕抵現場，隧道內的煙層降得更低了，隧道內迴盪著尖叫聲與啜泣聲，隧道壁的磁磚被高溫燒到剝落，消防人員得閃避不斷掉落的「磁磚雨」才能進入救援，歷經八分鐘撲滅火勢。

起火的小貨車被壓成廢鐵，燒到只剩車架，消防人員在車內發現兩具焦屍，其中一人大體只剩半截。

❖

二〇一二年五月某日下午，雪山隧道內發生車輛追撞起火燃燒，消防局共出動六十五名消防人員、各式消防車二十三輛前往救災。這次火災共造成兩人死亡、二十五人輕重傷，一百多人被緊急疏散。

脫困的乘客們臉上幾乎都罩上了一層煙灰，那是死裡逃生的印記，他們說，隧道就像一根倒下的煙囪，吞吐著殺人的煙霧。

這是雪山隧道開通六年後第九次事故，也是傷亡最嚴重的一次。

追根究柢：為什麼會發生隧道火災？

這場悲劇導因於一輛小客車左後輪爆胎而緊急煞車，後方的兩輛小客車、一輛客運及一輛小貨車立即閃避，但緊接在更後面的一輛客運巴士司機因未注意到前方已經有事故，仍以時速八十公里前進，結果直接衝撞正前方的小貨車，而小貨車又推撞前面的客運。

在強大的衝擊力下，小貨車瞬間爆炸、起火燃燒，並延燒到後方的客運，小貨車內正副駕駛逃生不及，被救出時已全身焦黑，沒有生命跡象。

在隧道內最怕的就是火。隧道是一種狹長、密閉的管狀空間，一旦發生火災，因排煙不易，燃燒所產生的濃煙及熱氣將迅速蓄積。因此，無論是對受困民眾或救災人員來說，因通道狹窄、車輛阻塞，加上視線遮蔽，在這樣高溫、濃煙、熱氣、缺氧的惡劣狀況下，逃生及搶救都更加困難，而持續上升的高溫更可能造成隧道本體結構燒毀、崩塌。

為什麼會造成隧道火災呢？我們來看看國內外近二十年來重大的隧道火災案例。

一九九六年挪威埃克貝格隧道，一輛公車因引擎漏油引發火災並爆炸，火勢兩小時後撲滅，還好當時車上沒有乘客，僅八位救難人員輕微一氧化碳中毒。

一九九九年法國與義大利之間的白朗峰隧道，一輛裝載麵粉及奶油的貨車起火後爆炸，使隧道內溫度達一千多度，造成頂部坍塌，火勢延燒五十多個小時，造成三十九人喪生，隧道也因此封閉了三年。

一九九九年奧地利的陶恩隧道，發生一起六十輛車追撞的車禍並引發火災，造成十二人死亡。

二〇〇一年連接瑞士與義大利的聖哥達隧道，發生兩輛貨車對撞起火，造成十人死亡，一百多人失蹤。

二〇〇五年法國與義大利間之佛雷瑞斯隧道，一輛卡車因漏油起火，造成兩人死亡，隧道無限期封閉。

二〇〇八年連接英國和歐洲大陸的英法隧道，一輛貨車的煞車系統過熱起火，造成十四人受傷。

再加上雪山隧道的案例，可以發現，發生隧道火災的主要原因絕大多數是車禍或車輛事故引起，常見的包括車輛底盤起火、車禍撞擊引發火災、引擎過熱或零件故障起火等。

求生法則：視起火點及火勢大小判斷

隧道內一旦發生火災事件，應根據下列兩種情況採取不同的應變方式：

第一種情況為後方車輛起火：如果發現後方車輛發生火災，此時應繼續往前行並立即駛離隧道，千萬不可以停車或減速觀看，然後在安全無虞的情況下通報一一九。

第二種情況為前方車輛起火：如果你的車輛位置很接近起火點，但火勢不大且車道空間未被完全阻斷時，可以試著鑽過去。不過如果火勢太大，就別再冒險衝過，應立即執行下面三個步驟：

一、**靠邊停車：**若為單向隧道（單行道），車輛迅速靠內側（左）停靠；若為雙向隧道（會有對向會車），則應迅速往外側（右）停靠，空出通道讓救災車輛便於進入。

二、**熄火下車**：汽車油箱隨時都會有爆炸的危險，因此靠邊停車後應熄火，所有人立即下車，把鑰匙留在車上、不得上鎖，大客車則應打開車門，便於救災人員移動車輛。

三、**反向逃生**：因起火處在前方，且隧道內部的通風系統原則上是往車輛前進的方向排煙，所以應往車後方向逃生，盡速離開隧道口或進入最近的人行橫坑避難。以雪隧為例，南北雙向兩條主線是分道的，兩條主線中間還有一條與主線平行的導坑，專門用來維修及逃生，而導坑可由主線旁的橫坑進入。雪隧內每隔三百五十公尺就有一處人行橫坑，行人可從逃生出口沿人行橫坑移動到導坑，每一千四百公尺有一處車行橫坑，能讓車輛利用對向隧道離開事故現場。

預防措施：行車前須進行車輛安全檢查

在台灣，長度大於三公里的公路隧道就是長隧道了，共有三條，分別是八卦山隧道、彭山隧道與大家熟知的雪山隧道，雖然每個隧道的狀況略有不同，但隧道火災的危險性、發生主因及避難原則都是大致相同。

隧道的空間特性及車輛的油箱會使火災蔓延得非常迅速，因此最重要的還是做好事前行車安全的各項準備，以降低火災發生的機率，方法包括「落實車輛保養」和「良好駕駛習慣」。

平常應落實保養及定期檢驗，上路前亦應再次檢查五油（燃料油、機油、動力方向油、煞車油、變速箱油）、四燈（頭燈、方向燈、剎車燈、倒車燈）、三水（水箱水、電瓶水、車窗清潔液）等，降低車輛故障的機率。行車時也必須開啟大燈，遵守速率限制，保持安全距離，不任意變換車道，不逼車或超車。

「快快樂樂出遊，平平安安回家」看似老生常談，但無論是平時車輛保養檢查、良好的駕駛習慣或正確的應變行動，其背後是需要努力的。

【求生隨堂考解答：E】

30秒掌握生機

隧道火災怎麼辦？

每次開車經過隧道就很緊張，很怕遇到火災。

如果遇到火災，應該怎麼做才能活下來？

錯誤做法

正確做法

狀況1：後方車輛發生火災

往前駛離隧道，不可停車或減速觀看。

狀況2：前方車輛發生火災

接近起火點但火勢不大且車道暢通時，可試著鑽過去。

火勢太大時，應立即靠邊停車、熄火下車並反向逃生。

車禍是造成車輛火災的主因，交通安全從自身做起。

平時養成良好駕駛習慣，落實車輛保養。

第9課
一氧化碳中毒怎麼辦？

求生隨堂考

天氣好冷，冷風不斷從窗戶吹進來，於是你把所有窗戶都關緊，打算好好洗個熱水澡。但你洗澡洗到一半，突然覺得有頭疼、疲倦、噁心、頭暈、四肢無力……等症狀，這時你會怎麼做？

☐ A. 可能是受寒感冒，繼續沖澡祛寒。

☐ B. 可能是食物中毒，多喝點溫開水。

☐ C. 可能是最近壓力太大，明天請假。

☐ D. 可能是睡眠不足，早點上床休息。

☐ E. 可能是一氧化碳中毒，開窗通風。

【答案請見文末】

現場直擊

「她們怎麼到現在還沒到呢？都幾點了？」

兩人逐一打了好幾通電話，卻都沒有人接。

前一晚，七個情同姊妹的好朋友一起去參加燈會活動。結束後，五人回到租屋處，另外兩人各自回家，並相約中午一起吃午餐。

「不可能五個人都沒接電話啊!?」

「我們去她們住的地方看看。」

下午兩點，兩人趕到五人合租的地方按門鈴，也沒人應門，她們驚覺有異，便透過管理員請房東拿鑰匙來開門。

房門一打開，兩人情緒幾乎崩潰。只見一人倒在門口，兩人躺在房間內地板，一人趴在床上，整個房間靜得詭異，只聽到浴室傳來水龍頭嘩嘩的流水聲。

走到浴室一看，竟還有一人裸身坐在浴缸裡。任憑兩人怎麼呼喊名字都叫不醒。

❖

二〇〇五年二月，五名女大學生被發現一氧化碳中毒，消防局接獲報案後趕往搶救，但五人早已身體冰冷、僵硬，並出現明顯屍斑，連房間茶几下的白貓也喪命。

中毒原因：熱水器錯誤安裝與不正確生活習慣

什麼是「一氧化碳中毒」？和常聽到的「瓦斯中毒」一樣嗎？

民眾經常感到混淆。其實瓦斯不具有毒性，不會因為吸入瓦斯而中毒死亡。為了便於察覺、以防火災或爆炸，瓦斯中特別加了臭味警示劑來提醒人們。

真正會讓人中毒的是瓦斯「燃燒不完全」後產生的一氧化碳，它和血液中血紅素的結合率是氧氣的兩百至兩百五十倍，因此會取代氧氣而搶先與血紅素結合，造成體內缺氧、中毒。加上無色無味的特性，成為潛藏於居家環境中的隱形殺手。

台灣平均一年發生二十至三十件一氧化碳中毒事件，造成數十人傷亡。尤其在十二月到隔年三月更是高峰期，主要原因都是瓦斯（燃氣）熱水器所導致。

瓦斯熱水器分成「屋外式」及「屋內式」兩種，為了讓瓦斯充分燃燒，且燃燒後的氣體不要囤積在室內，法令清楚規範了屋外式熱水器應裝設在外牆或戶外空氣流通的位置，而屋內式熱水器則須裝設排氣管。

既然有明文規定，為什麼還是會發生一氧化碳中毒呢？有兩個原因：

一、錯誤安裝

施工人員誤把屋外式熱水器安裝在浴室、廚房等通風不良的室內空間，或屋內式熱水器未裝設排氣管。基本上在裝設時，只要找合格的配管承裝技術士來施作，就不會有太大的問題。真正容易被忽略的，是第二個原因。

二、生活習慣

回到前面的這個案例。經警方勘查，造成意外的戶外式熱水器確實安裝在戶外陽台，瓦斯管線也沒有故障或洩漏。問題是，陽台的外牆加裝了鋁門窗。

其中一人洗澡時，雖然陽台熱水器外的鋁門窗有打開，但縫隙不足，導致瓦斯燃燒不完全，大量一氧化碳飄洩屋內，加上屋內所有其他門窗全都緊閉，空氣對流不足，導致屋內氧氣都被熱水器燒盡，一氧化碳濃度過高，五人因此中毒死亡。

在公寓大樓緊鄰的住宅環境下，縱使依規定將熱水器裝在戶外陽台，但因為住戶希望充分利用陽台空間，除了洗衣、晾掛衣物，還要堆放雜物成為儲藏空間，而為了防風雨又在陽台外加裝了窗戶，結果形成通風不良的環境。

每當冬天來臨，民眾會不自覺地把家中門窗甚至陽台的窗戶都關起來，如此更容易造成熱水器燃燒不完全，發生一氧化碳中毒。

觀察重點：一氧化碳中毒還是感冒？

一氧化碳中毒的初期症狀，除了不會發燒之外，與一般的感冒症狀非常類似，例如頭痛、疲倦、噁心、頭暈等。當屋內的人都出現同樣症狀時，經常誤以為是感冒病毒的交叉感染。如果此時中毒者認為既然已經感冒就該早點上床休息，最後將昏迷死亡。

那麼該如何分辨究竟是一氧化碳中毒還是感冒？若有下列情況同時出現，就很有可能是一氧化碳中毒：一、不只一個人出現疑似感冒症狀；二、有人正在洗澡或使用瓦斯爐；三、門窗緊閉。

預防措施：正確使用熱水器的五個重點

使用瓦斯熱水器必須注意以下五個重點：

一、**環境通風**：避免晾掛大量衣物阻礙通風，若有加裝窗戶則須打開，並且定時清理紗窗灰塵，以保持良好通風。

二、**合格標識**：熱水器應貼有ＣＮＳ（國家標準）檢驗合格標示。

三、**正確型式**：屋外式熱水器應裝置於室外通風良好處所，屋內式則應裝設排氣管。

四、正確安裝：應由合格燃氣熱水器及其配管承裝業技術士進行安裝。

五、定期檢修：熱水器應定期檢修，尤其使用超過五年者更要注意定期維護保養，避免因零件老化而導致意外發生。

在外租屋人士或大學生是一氧化碳中毒的高危險族群，租屋前要特別留意室內通風和熱水器位置。如果在室內燃燒物品、火烤食物及發動引擎，一定要把門窗打開。當然也可以加裝一氧化碳偵測器，由於一氧化碳比空氣輕，所以偵測器多裝設在走廊或較高處的牆面，並定期檢查電力是否足夠。

正確做法：一氧化碳中毒應變五步驟

天冷洗澡時，如果突然感到頭昏不適，這時要警覺自己可能是一氧化碳中毒，盡速檢查家中門窗通風情形，也要避免連續使用瓦斯熱水器過久。

如果發現有人一氧化碳中毒，立刻進行以下五個步驟：

一、打開門窗，讓空氣流通。

二、將中毒者移到通風處，鬆解衣物，抬高下顎。

三、如果沒有呼吸，立即施以人工呼吸。

四、如果已經沒有心跳，立即施以心肺復甦術。

五、盡速撥打一一九求助。

提高警覺非常重要，有些人總以為自己碰到一氧化碳情況時可以馬上判斷及應變，但事實上，許多中毒者發覺有異狀時已經虛弱無力，導致想要求救也無能為力。

如果能及時警覺一氧化碳中毒，後續就沒事了嗎？需要特別注意的是，少部分在一氧化碳中毒存活下來的病患，恢復意識一段時間後，仍可能有「延遲性」的後遺症，外表看起來已經恢復正常，但一段時間後開始出現症狀，包括腦部病變、智能減退或心肌梗塞，或是之後突然一隻手一隻腳不能動，出現中風症狀。尤其如果孕婦曾經一氧化碳中毒，小孩出生後一定要做腦部檢查，因為小孩腦部也可能產生病變。

【求生隨堂考解答：E】

30秒掌握生機

一氧化碳中毒怎麼辦？

天氣好冷，感覺整個人頭昏腦脹，八成感冒了。

怎麼門窗關得密不透風？有可能是一氧化碳中毒！

可能中毒情境

感到頭暈、噁心　有人洗澡或煮食　門窗密閉

同時符合以上條件，表示可能發生一氧化碳中毒！

燃氣熱水器安裝注意事項

環境通風　合格標識　正確型式　正確安裝　定期檢修

正確應變四步驟

1 立即開窗
2 人移置通風處
3 心肺復甦術
4 撥打119

防止中毒關鍵：居家環境要通風

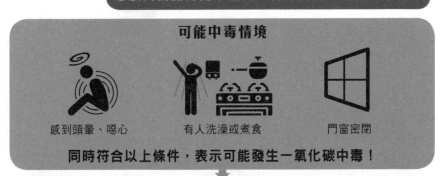

PART 2

火場迷思大破解

在火場上，
單純靠運氣、直覺是不夠的，
也不能只憑一股熱血去滅火。
唯有真正了解火災，
才能在危急時刻拯救我們的性命。

第10課
為什麼濃煙比火更可怕？

求生隨堂考

上班了一整天，晚上很早就上床睡覺。你正睡得香甜，渾然不覺家裡的另一個房間燒了起來。時間一分一秒過去，你忽然驚醒，失火了！你認為自己最有可能是因為什麼狀況而醒來的？

☐ A. 感受到房間變得異常悶熱。

☐ B. 聞到濃煙刺鼻的味道被嗆醒。

☐ C. 聽到家人喊叫聲、玻璃碎裂聲或警報聲。

☐ D. 被火焰刺眼的亮光弄醒。

☐ E. 以上都有可能。

【答案請見文末】

現場直擊

「我兒子還太年輕，還沒有貢獻……」他接著說，「不必考慮入忠烈祠。」

二〇一七年十月，一間工廠傳出火警，消防局派出大批人車前往救援，廠內人員都已疏散撤離。一名從警校畢業服務剛滿一年的年輕消防員和另一名資深學長衝上三樓布設水線、找尋起火點，整個一千五百坪的空間濃煙密布，伸手不見五指。

救災過程中，因現場煙霧極大，指揮官判定有閃燃爆燃的危險，便下令撤出。全員撤離後清點人數，發現少了這位年輕消防員。再返回火場搜尋時，發現他趴在離出口僅五公尺處的消防水帶旁，地面積水約到足踝高度。他全身裝備完整，後背的氣瓶和臉上面罩也都還在，但氣瓶連接面罩的肺力閥已經脫落。

後續勘驗他的個人裝備，確認所有設備都能正常運作。推測很可能是現場噪音太大，以致他沒聽到氣瓶發出的殘壓警報聲，因此沒能在空氣耗盡前及時撤出火場。氣瓶沒氣時，如果不卸下肺力閥就會窒息，這位年輕消防員最後只好冒險取下肺力閥呼吸，卻因為吸入現場濃煙而發生悲劇。

濃煙的殺傷力實在強大，消防人員稍有疏忽，就算只有一口，也足以致命！

火災與你想像的不一樣

根據消防署統計，台灣每四小時就發生一次嚴重火災，每年有超過一百五十個家庭因為火災而破碎。但除了消防人員，一般人幾乎從來沒遇過火災，很多人都是從電視、電影上的畫面來「感受」火災，例如昏黃的光線、亮澄澄的火焰、逃生者扶著牆壁行走，甚至走到戶外……，然而，這絕不是真正的火場樣貌。

真實的火場一片黑濛濛，伸手不見五指。有人形容：火場中的火是黑色的，不是亮黃色。濃煙中的碳粒、焦油會遮擋光線、阻礙視線，你就像孤立無援的瞎子，根本什麼也看不見。門在哪？窗戶呢？櫃子呢？燈呢？這才是火災真實的樣貌——「黑暗」！火場中的黑暗讓你連眼前的火光也看不到，無法判斷樓梯、標誌、出入口、逃生方向等，在心理上產生極大的恐懼感。

美國曾做過全尺寸的模擬燃燒試驗，以一間透天平房為例，若房內一個垃圾桶起火，一分鐘內便會引燃旁邊的沙發，火勢逐漸擴大，煙霧開始瀰漫整個房間，此時房間的熱度已經逐漸升高到足以讓人失去意識，但其他房間的人可能還在熟睡。到了第二分鐘，警報器發出高分貝鳴叫，告知有火災發生，這時濃煙逐漸生成，開始四處蔓延。三分鐘時，濃煙自上往下沉降，樓下房間早已是一片火海。到了第四分鐘，樓梯通道都已經火舌濃煙密布，沒有人能穿越這樣的環境而存活下來。

多數人以為，火災中都有充裕的時間用來滅火或逃生，但其實起火後五分鐘內（這是實驗的數據，真實的火場可能更短），濃煙高熱就會開始對生命造成威脅，能應變的時間非常有限。單純靠運氣、直覺是不夠的，唯有了解火災的頭號殺手，才能在危急時刻拯救我們的性命。

為什麼濃煙會致命？

我們平常都聞過各種刺鼻的煙味，不管是有人在旁邊抽菸，還是路上汽機車排氣，甚至是臭水溝的廢氣等，想必濃煙的氣味一定更刺鼻難聞。到底人在睡夢中會不會被濃煙嗆醒呢？我們得先了解一下濃煙到底是什麼。

火災一開始，因為水蒸氣蒸發，產生的是白煙。白煙的溫度低，當下的火勢也不大，對人並不構成危害。等到周圍的氧氣逐漸燃燒殆盡，火場內物體持續受到高溫裂解，便會出現深色濃煙。接下來，煙層會開始從天花板沉積下降，煙層中的溫度及毒性氣體濃度急速上升，並夾雜熊熊烈火，這就是所謂的濃煙。

前面提到會遮蔽視線的「黑色火焰」，其實指的就是濃煙。濃煙具有三大特性，會讓整個室內空間變得極為致命，因此，要說濃煙是火場的頭號殺手，一點也不為過。

一、充滿劇毒

各種家具、裝潢材料（如塑膠壁紙、化學纖維地板、聚苯乙烯泡沫板、人造寶麗板等）燃燒後，會產生各種生成物，如一氧化碳（CO）、氰酸（HCN）、氯化氫（HCl）、氧化氮（NOx）、二氧化碳（CO_2）、甲醛（HCHO）等數十種有毒氣體，一旦吸入，可能導致神經麻痺或腦部障礙，終而造成缺氧死亡。

而其中最致命的，就是無色無味的一氧化碳。它與血液中血紅素結合的速度比氧氣快兩百至兩百五十倍，取代氧氣搶先與血紅素結合。當空氣中一氧化碳濃度達到百分之一，只要吸兩口氣就會缺氧，瞬間無法呼吸，那種滋味就像有人把你的頭強壓在水中一樣，之後失去知覺、窒息死亡。

二、蔓延快速

濃煙本身包含各種可燃性物質，煙氣流動的方向會引導火勢蔓延的路線。而煙上升的速度為每秒約三到五公尺，遠大於平面擴散的速度，像高樓火災的延燒主要就是因為煙的垂直上升，遇到建築物內垂直管道與上下樓梯通道，比方樓梯、電梯及豎井等，就會變成火勢延燒的通道，形成煙囪效應。

三、溫度極高

火場開始產生濃煙後，溫度就會急速升高，高溫會使人的血液循環及呼吸心跳加速，皮膚也會燒燙傷、壞死及潰瘍化。當室內溫度到達攝氏一百五十度左右，肺臟就會燒焦；當濃煙到達七百度以上時，連電線和水管都會融化。

許多火場生還者顫抖著說出他們的經歷：「我盡最大力氣爬離那些熱氣，我的鞋底都融化了。」「熱度竟然讓浴室的瓷磚都裂了！」由此可見，火場的高熱遠非我們所能想像。

不是被濃煙嗆醒，而是被嗆昏

夜半火災的罹難者，很多都是死於睡夢中，被發現時，面部安詳地躺在床上，沒有任何驚恐、逃生或掙扎的跡象。

事實上，濃煙並不會把人嗆醒，一氧化碳只會麻痺你的腦部，讓你沉睡，就像被麻醉一樣。絕大多數的火場罹難者都不是被火活活燒死，而是先被濃煙嗆昏窒息後，再被火燒成焦屍。

根據研究，當人處於睡眠狀態時，聽覺最為敏銳，嗅覺則不太有反應。想想每天早上把你叫醒的高分貝「鬧鐘」聲響，就能明白了。因此，當有人說自己被煙嗆醒，其實是在還沒睡著的半夢半醒之間先聽到聲音，再聞到煙味，便以為自己是被濃煙嗆醒。

火災中的火並不是火場中最致命、最可怕的；相反的，若你還看得到火，表示濃煙尚未產生。只要濃煙沒有產生，就表示火勢還不大，也表示有逃生應變的機會。

從火場的致命因子來看，頭號殺手是濃煙，而濃煙中最可怕的就是一氧化碳，大部分的火場罹難者都不是被活活燒死，而是被濃煙嗆昏後死亡。因此，我們在火場的各種應變、避難與求生，都要從「煙」的角度來思考。

面對濃煙，必須全力避開它。從時間點來看，要提早發現火災，最好在火災初期、濃煙尚未生成時就要盡速逃生應變；而當火災經過一段時間、已經濃煙密布時，你該做的是尋求一個相對安全的空間並避開濃煙，而不是妄想穿越它。至於具體怎麼做，接下來的幾堂課會有詳細說明。

【求生隨堂考解答：C】

30秒掌握生機

為什麼濃煙比火更可怕？

你知道嗎？聽說濃煙比火更致命！

面對濃煙，我們應該怎麼樣才能活下來呢？

濃煙三大特性

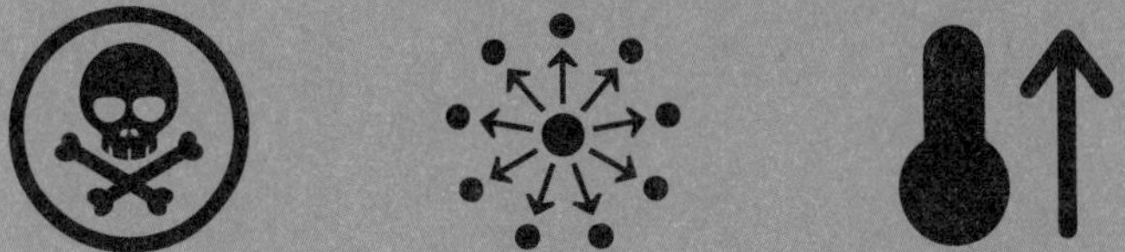

有劇毒　擴散快　溫度高

真實火場　一片漆黑

濃煙是火場頭號殺手

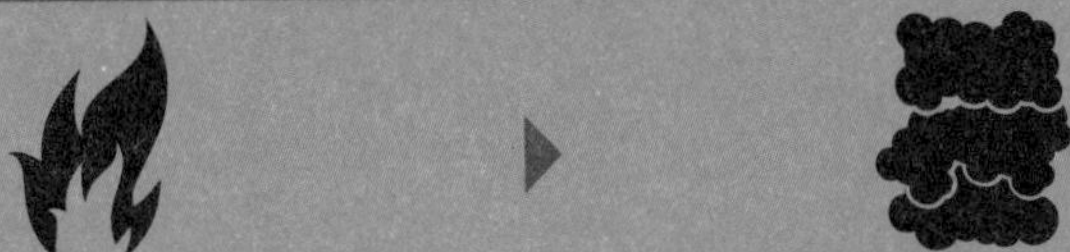

火不是最可怕 ▶ 濃煙才致命

大多數人不是被火活活燒死 ▶ 而是先被濃煙嗆昏而死

正確做法

避開濃煙，切勿穿越

避難、求生都要從濃煙的角度來思考。

第11課
發現火災後要做的第一件事

求生隨堂考

某天你在家中，躺在沙發上看電視，突然聞到一股焦味。你走到廚房，發現了陣陣煙霧，定睛一看，垃圾桶竟然燒起來了。這時你會做的第一件事是什麼？

☐ A. 立刻拿滅火器滅火。

☐ B. 趕緊打119報案。

☐ C. 立刻衝出大門準備逃生。

☐ D. 找溼毛巾摀住口鼻。

☐ E. 大叫「失火了」，提醒所有人發生火災。

【答案請見文末】

現場直擊

某日凌晨，一間兩層樓的釣蝦場兼住宅發生大火，消防人員抵達現場時，火舌已從一樓竄出。接著兩層建築全面陷入火海，一家四口僅屋主逃了出來，他的妻子和兩名子女則不幸喪生火窟。

這是發生在二〇一六年十一月的火災事故，屋主獲救，他的三個家人卻不幸罹難。原來屋主一開始察覺火災時，他第一件事就是先用水滅火，發現滅不成後，竟又跑到屋外找人回來幫忙，但這段期間，妻小依然在睡夢中一無所知，火勢卻已迅速擴大。當屋主返回時，悲劇已經釀成。為什麼只有屋主逃出，而其他三人卻罹難了呢？

你做的「第一件事」，決定生死的結局

在往下讀之前，你可以問問自己或身邊的人，發生火災時，你的「第一件事」會是什麼？這個看似基本的問題，每個人的答案竟然都不一樣。確實，本文開頭「求生隨堂考」的每個選項都應該要做，但到底哪一個要放在「第一」呢？

這個問題的重要性與價值在於，別等到真的遇到火災，才在一片驚慌中思考該怎麼做？一步錯，步步錯，這個答案可能就決定了你生死的結局。接下來逐一來解析。

先滅火？

許多人選擇「先滅火」的想法是：火勢成長非常快速，不趕緊把握時機撲滅小火，火勢擴大就來不及了。問題是，你當下能確定眼前這把火是怎麼燒起來的嗎？是電器設備、油類、紙類，還是其他東西？又該用什麼方式滅火呢？

用滅火器？你家中有滅火器嗎？知道怎麼操作嗎？如果沒有滅火器，該用什麼來滅棉被嗎？要從儲藏室搬出來？

用水？拿臉盆還是水桶？要裝多少水？裝滿水預計花多少時間？需要從火源到水龍頭來回幾次？這段時間裡火勢會變多大？

如果滅火後，火依然沒有熄滅或變得更猛烈，這表示剛才的滅火方式無效，那麼接下來要繼續想別的辦法嗎？

上面這一連串問題，就是你要面對的。從前面的案例來看，如果屋主發現火災的第一時間就先叫醒妻小，那麼這個天人永隔的悲劇勢必不會發生。

滅火是一門專業技術，如果僅憑本能衝動滅火，將可能錯失自己或他人存活的機會。

先報案？

選擇「先報案」的想法是：第一時間應該趕快通知消防隊來處理，不然延誤報案、火勢擴大，誰來負責？

來看看幾則真實的火警報案對話（地址已經改寫），特別挑選了報案當時「正在火場內」民眾的錄音檔。請特別注意民眾報案時所說的話，和你原本想像的有什麼不同。

消：「一一九消防局您好。」

民：「麻煩你快點，鳳崗這，快點！」

消：「在哪？」

民：「快點快點！整間燒起來了！快點……」

消：「一一九消防局您好。」

民：（現場雜音。）

消：「喂！喂！」

民：「我們家著火了！」

消：「請問地址？」

民：「忠孝東路二段！」
消：「一一九消防局您好。」
民：「一一九，我們家發生火災，」
消：「在什麼地方？」
民：「高雄市鳳山區！」

可以發現，當人身陷火場時，在極度驚恐緊張、生死交關之餘，很難清楚向電話另一頭的消防人員說明狀況，甚至連地址都講不清楚。此外，如果人還在奮力摸索逃生或已經採低姿勢，假如同時一手持電話報案、一手支撐爬行，不僅減慢逃生速度，報案過程也必定斷斷續續，甚至嚴重影響火場中的判斷和行動力。

先逃生？

選擇「先逃生」的想法是：生命安全優先，眼前的火災搞不好一下子就讓你魂歸西天，應該立刻逃離現場。

發現火災立即不顧一切逃生的結果，就是你可能會遇到另一個更尷尬的場面，當你逃出火場，消防隊確認是你家失火後，接下來會問你：「（火場裡）還有沒有人？」

「糟糕！我一緊張就拚命逃，忘了我的誰誰誰（家人）還在裡面！」

你可能會覺得這太誇張了，怎麼可能這麼迷糊？但我們必須認知到，當人面臨生命威脅、極度驚慌時，這種狀況在本能的驅動下是很有可能發生的。

二〇〇九年三月某日下午，一棟兩層樓磚造老房子發生火災，當時父子三人在家。發現火災時，父親一心急著下樓逃生，五歲小兒子見狀也跟著下樓，留下一位六歲大的兒子還在火場。消防隊趕到時，二樓已經陷入火海。消防隊花了二十多分鐘將火勢撲滅，但二樓已全部燒毀，而未能逃出的六歲大兒子最後被發現燒焦陳屍房內，父親事後不斷懊悔：「應該先救孩子才對。」

第一件事是「大叫（示警）」，沒有例外

或許你會問：難道不該滅火、不該報案、不該逃生嗎？

不是不該，而是因為火災的每分每秒都在和死神拔河，所以各項行動都有先後次序。發現火災第一件事是「示警」，沒有例外，最簡單的方式就是大叫三聲「失火了」。

為什麼這樣做？因為你發現了火災，但其他人可能還在睡覺或在其他房間而未發現。

前面提過，造成火場罹難的原因有兩個，第一是發現火災太晚，第二是應變行動錯

誤。而大叫的目的是為了通知屋內所有人，讓正在熟睡或不知道火災發生的人「提早」發現火災，多爭取一些應變時間。接下來才是滅火、報案、逃生或避難，因為如果太晚才發現火災，到時任何應變行動都來不及了。

要記住並做到發現火災大叫三聲「失火了」，其實並不容易，因為這不是一般人面對危險時的首要本能反映，平常若沒有練習喊出來，驚慌失措時仍會依賴本能行動。

防火防災教育應該從小做起，幼兒的能力有限，不太可能做到滅火、報案或獨立逃生（他們本來就是避難弱者）。因此，我們應該教會他們的第一個火災觀念，就是學會「示警」，從日常培養他們對環境的警覺，只要看到火，不管是不是火災，立刻告訴大人。

二〇一六年五月某日上午，一棟三層樓的透天房屋發生火警，在三樓的五歲小男童最先發現二樓後方雜物間不斷冒煙，他趕緊跑回房間大喊「樓下失火了」，爸爸立刻打一一九，同時隔壁房間的叔叔、嬸嬸趕緊拿滅火器到二樓滅火。雖然最後沒有成功撲滅，所有人躲回三樓陽台等待救援，消防隊迅速抵達現場，全部安全脫困。

因為第一時間即時示警，五歲小男童救了全家人的命。

【求生隨堂考解答：E】

30秒掌握生機

發現火災後要做的第一件事

家裡發生火災時，第一個動作應該做什麼？

趕緊大叫，讓所有家人都知道失火了。

錯誤迷思

上面三件事都不是發現火災後首先要做的。

正確做法

立刻大叫，讓熟睡者、其他人立即知道狀況，爭取應變時間。

平時教導小朋友

提高環境警覺

主動通報大人

發現火災第一件事：大聲喊叫，提醒所有人失火了！

第12課
滅火不是你想的那麼簡單

求生隨堂考

你是個很有危機意識的人，為了確保居家安全，甚至在家中準備了滅火器，以備不時之需。假如有一天家裡發生火災了，碰巧滅火器就在你旁邊，你認為什樣情況下可以嘗試滅火？

☐ A. 火苗就在你身邊，火焰高度不到25cm 。

☐ B. 起火點在你身邊，已經快燒到天火板。

☐ C. 起火點在其他房間，還看得到火焰，但已經燒到天花板。

☐ D. 起火點在其他房間，屋內已經濃煙瀰漫。

☐ E. 無論什麼情況，有滅火總比不滅好。

【答案請見文末】

現場直擊

深夜一片寂靜，這間三層樓公寓頂樓加蓋的四樓突然冒出濃煙和火舌，由於是木板隔間，火勢迅速燃燒。住在四樓頂樓加蓋鐵皮屋的老夫婦在睡夢中逃生不及，受困火場。

住在二樓的兒子一度拿滅火器衝上樓試圖滅火，但因面對大火時內心驚慌，加上不熟悉滅火器使用方式，無法噴出乾粉滅火，懊惱悔恨之餘，只能眼睜睜看著父母身陷火海。

❖

二〇一六年八月某日凌晨，一間公寓頂樓加蓋鐵皮屋發生火警，消防局獲報後立刻調派十七輛消防車、四輛救護車以及近五十名消防救災救護人員趕往搶救。消防人員抵達現場立即布線搶救並緊急疏散十七名住戶，同時登上四樓搶救老夫婦，但兩人獲救時已無生命跡象，送醫後不治。

看到起火，滅了就對？

人人都知道火災的可怕，談到「火」，更是除之而後快。你是不是也有以下的想法呢？「火災發生了當然要滅啊，難道放著燒嗎？有滅火總比不滅好吧？」「消防隊來公司辦理演練時，我們都實際操作過滅火器，其實沒有想像中困難。」「大人不可能時時刻刻都在孩子身旁，從小就要教孩子如何滅火。」

樂於助人是天性，但我們可能只有滅火的熱忱，卻沒有滅火的技術。一般人極少遭遇火災，真的碰上時，因為驚慌失措，通常沒有餘力（或能力）判斷起火原因，幾乎是隨便先拿手邊的東西試看看。

以居家來看，較常發生的紙類、電器設備、油類發生的火災都各有不同的滅火方式，若用錯方法，絕不只是「滅火無效」而已，還可能助長火勢、擴大傷亡。而就算用了正確的滅火方式，也不見得能安全地把火滅了。火災與火的不同在於它超出了人的控制，具有不可預期、快速的增長特性。

我們來看幾個例子。

一九九四年十月某日晚間，一家KTV招牌起火後，有人用滅火器自一樓往二樓方向噴灑，不僅沒噴到火點，反而讓火勢延著招牌往上延燒，整棟大樓迅速陷入火海。起火當下雖然有十個人立即被救出，但還是有許多人往三樓逃跑。消防人員進入室內救援後，在二、三樓之間發現了十三具屍體。

二〇一五年六月，知名遊樂園粉塵火災事件造成近五百人傷亡，有一部分便是肇因於錯誤的滅火方式，包括有人從舞台拿滅火器嘗試往台下滅火，卻因此吹起粉塵，讓部分區域從零星火苗變成一片火海。也有許多身上著火後，想用寶特瓶的水滅火降溫，結果這些水反而在著火者身上瞬間汽化為水蒸氣，進一步擴大燒燙傷區域。也有人脫下衣物想拍熄他人身上的火，結果帶動更多空氣助長燃燒，擴大燒燙傷面積及程度。

因此，面對火災不能只憑一股熱血或直覺去滅火。那麼，是不是透過學習就能正確且熟練滅火？

事情恐怕沒有那麼簡單。

滅火很困難

你知道滅火器的操作要領嗎？相信許多人都能說出「拉拉壓」，但更精確地說，應該是「拉瞄壓掃」，即：拉（插梢）↓瞄（火源）↓壓（把柄）↓掃（火源根部）。也就是提起滅火器後，「拉」開安全插梢，握住皮管，「瞄」準火苗，用力「壓」下把柄，朝火源根部左右移動「掃」射。熄滅後澆水冷卻餘燼，保持警戒，直到確定熄滅為止。

口訣簡單易懂，但是不表示就學會操作滅火器，更不代表懂得如何滅火。滅火器要能正確操作，必須經過實際操作的學習與訓練。然而，火場有太多變數（可燃物分布、空氣流通、室內格局、隔間材質等），如同戰場瞬息萬變。因此，滅火技術中最關鍵的不是多會操作滅火器，而是有能力判斷火場情況，並因應情勢採取不同的應對方式。

消防人員從學校到下分隊，依然會不斷地透過實務訓練累積經驗，以學習完整滅火的知識、技能與戰術，即使是資深消防人員，都不敢自拍胸脯聲稱滅火是易如反掌的事。

滅火很危險

滅火的危險在於可能錯失重要的逃生時機，因為你犧牲了原本可以安全逃生的時間來滅火。如果成功滅火就算了，但若誤判情勢、以為能夠掌控火勢，或情急之下滅火器操作錯誤，只會讓自己陷入更致命的危險中。

只有在火災初期才有機會以滅火器滅火。當火勢擴大、濃煙瀰漫，滅火器的滅火能力只是杯水車薪，別說滅火了，連自保都會是個問題，此時就只能靠消防人員來處理。

消防弟兄經過扎實嚴格的訓練，進入火場時全副武裝加上空氣鋼瓶，以團隊作戰的方式，輔以各種裝備器材、強大水力支援及各種車輛搭配，儘管如此，還是可能發生受傷甚至殉職的風險。就像在戰場上，再精銳的士兵也不代表不會發生意外，連最專業的消防人員都沒有百分百把握能從火場全身而退。

真實的火場瞬息萬變

目前訓練民眾操作滅火器的方式主要是油盤滅火，也就是在一個約兩公尺見方的方型鐵盒裡倒入清水，再澆上汽油，汽油會懸浮在水面上，接著點火，讓民眾操作滅火器去撲滅油盤上的火。實際體驗的人感覺大多是：「好像還滿安全的。」「一開始不太習慣，後來很好上手。」「沒有想像中那麼困難。」但真實火場與油盤滅火完全不同。

首先，火勢不同。油盤上的火只局限在鐵盒內，你可以安全、輕鬆地撲滅油盤火勢，就算不採取任何滅火的動作，火勢也不會擴大延燒，因為當油盤上的汽油燒完了，火就自然熄滅。然而在真正的火場中，能用滅火器成功滅火的時機只有在火苗成長的初期，如果第一時間無法撲滅，火勢在幾秒鐘之內可能變得無法控制。

其次，濃煙不同。當我們在空曠處練習油盤滅火時，黑煙會往上空飄散，並迅速冷卻、稀釋及淡化。若是建築物內部起火，因為牆壁、天花板等空間的局限性，高溫劇毒的濃煙會從天花板往下快速蓄積並遮蔽視線，阻礙逃生者及滅火者的移動。此外，滅火器噴出來的乾粉還可能受到火場熱流的影響，瞬間瀰漫室內，甚至回衝到滅火者，造成嗆傷。

第三，溫度不同。油盤燃燒產生的熱因為被戶外大量空氣冷卻，縱然有輻射熱，溫度也不會太高，因此你有機會盡可能接近油盤，可以清楚觀察到燃燒的火焰，並將滅火器瞄準火源根部，順利滅火。但真實的火場動輒幾百度以上，起火處的溫度更是高到讓人難以接近，加上濃煙遮蔽視線，很難接近並準確撲滅火點。

油盤滅火的訓練目的是讓民眾學會正確操作滅火器，但如果沒有清楚了解滅火器的使用時機、油盤與真實火場的差異，便會錯估了滅火器的能耐及自己的滅火能力。

滅火前要給自己留後路

照這樣說來，難道火災發生就完全不採取任何滅火行動嗎？那麼購買、設置滅火器要做什麼用呢？

我們要明白的是，火災和其他災害最大的不同就在於它短短數分鐘內就會有快速的情境變化，而在不同的情境下需要有不同的應變方式。

使用滅火器的時機是在火災「初期」，也就是在火災發生的第一時間發現，或是當下你眼睜睜看到火就在你身旁生成，或是火焰高度約在二十五公分以下，如此滅火才有較高的成功率。如果根本不知道火災什麼時候發生、火勢已經擴大、濃煙瀰漫或初期滅火失敗，就不該執著於滅火或嘗試找其他滅火工具，應該立即避難逃生。

為了能夠安全避難逃生，滅火前一定要給自己留條後路，就算滅火失敗，還是有辦法逃生，這就是為什麼滅火器應該放在大門附近、公寓大廈則放在每戶門外梯間的道理，因為當你拿到滅火器時已經在逃生出口，萬一滅火失敗也還有機會逃離現場。

【求生隨堂考解答：A】

30秒掌握生機

滅火不是你想的那麼簡單

遇到失火，拿滅火器噴一噴就行了！

但是如果判斷或操作錯誤，反而會更危險……

錯誤滅火可能的危險

火沒滅掉　　火勢更大　　造成傷亡

錯誤的滅火時機或方法可能擴大火勢，造成更嚴重傷亡。

滅火器操作要領

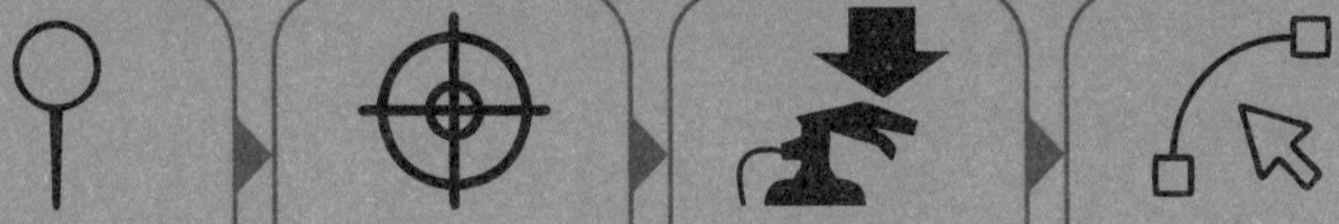

拉開插梢 → **瞄**準火苗 → **壓**下把柄 → 左右**掃**射

使用滅火器應注意

初期用
只有火勢初期
才有機會滅火

留後路
放在大門或出口附近，
就算滅火失敗還是能逃生

避濃煙
若已濃煙密布
應該放棄滅火

比起滅火，更重要的是自己的生命安全。

第13課
如何正確打119報案？

求生隨堂考

和家人在家吃晚飯時，突然發生了火災，而且火勢延燒快速，你心想：「一定要打電話請消防隊來救！」關於報案，你會怎麼做？

☐ A. 拿起電話，馬上打119。

☐ B. 安全逃生到戶外後再打119。

☐ C. 邊逃生邊打119。

☐ D. 不打119，先打給住附近的親朋好友來幫忙。

☐ E. 不打119，改打112。

【答案請見文末】

現場直擊

「厝裡起火了！趕快來救我們！」深夜四點多，刺耳的電話鈴聲劃破夜空，半夢半醒間接起電話，傳來的竟是八十高齡的老母親打來的求救電話！

離母親家不遠的兒子趕忙騎車到現場。一開門想衝上樓，但整個樓梯間火勢猛烈，大火硬生生地把他擋在門外。焦急之下突然想到還沒報案，才趕緊打一一九，這時離母親打給他的第一通求援電話已經過了七分鐘。

消防隊接獲報案後，於八分鐘內抵達現場，迅速控制火勢，並立即衝上三樓救人，但抬出的已是一具具嚴重燒焦熏黑的遺體。

◆

二〇一七年三月深夜，一間三層樓透天厝電線走火，一樓為塑膠工廠，二樓為住家，起火點就位在一、二樓的樓梯間，共四人葬身火窟。

延誤報案，消防隊衝再快也沒用

這間透天厝因一、二樓的樓梯間堆滿雜物，加上二樓牆面採用易燃性的美耐板裝飾，因此起火後迅速蔓延，阻斷了逃生路線。

最關鍵的是，屋主母親等四人在二樓熟睡，發現火災時已經太晚，根本無法逃生，雖然屋主母親先向住在附近的二兒子求助，但二兒子慌亂中經過七分鐘才報案，這關鍵七分鐘的拖延讓屋內環境更加致命。如果屋主母親先打一一九，消防戰力第一時間即時介入，或許能夠多爭取一些避難與救援時間。

所以，打一一九報案千萬不可延誤時機，但除此之外還需注意什麼呢？

火警報案三大關鍵原則

前面提過，發現火災的第一件事就是大叫三聲「失火了」，提醒正在熟睡或不知道火災發生的人，這原則毫無例外。接下來才是根據當時情況，及時採取「避難」、「逃生」、「報案」或「滅火」……等應變行動，如果沒有建立正確的應變時序觀念，不僅影響搶救時效，甚至會危及自身安全。

曾有假新聞在網路上瘋傳：「手機救命專線一一九、一一〇已改為一一二，手機撥一一九是無效的。」為此，消防署已特別澄清一一九並沒有廢除，若手機有訊號，撥打一一九報案最快，但若沒訊號則可撥打一一二，只不過撥打一一二後會先聽到語音：「這是緊急救援電話，報警請按『〇』，救援請按『九』。」由於「一一二」是由語音導引進行轉接，會延長接通時間，因此收訊狀況良好時，應該優先撥打「一一〇」或「一一九」，以爭取救難時效。

報案時，應把握三大關鍵原則，分別是「安全第一，報案第二」、「兩個重點，何事何地」與「一問一答，勿先掛電」。

一、安全第一，報案第二

報案之前，應該優先確認自身安全。如果你正身處於起火處房間，在報案同時，火勢會擴大，濃煙會蔓延，人會驚慌失措，如果未曾經歷過火場，可以想像彷彿有一群喪屍正在追趕你，縱然撥通了求救電話，可能也只能擠出這幾個字：「救命！我快不行了……」

在這種生死交關之際，根本無法清晰、準確地傳達報案資訊。因此，依據處在火場當時的危險度，報案時機依安全性可分成三個等級：

最佳（最安全）時機：安全逃生到戶外，確認自身安全無虞後再報案。

次佳時機：如果火勢阻斷逃生路線，逼不得已暫時受困火場，須找到當下「相對安全」的避難空間後再報案。

最差（不得已）時機：既無法成功逃生、也無法找到當下相對安全的避難空間，這時已經沒有選擇。

報案時應設法讓消防人員知道你待救的位置，盡量躲到陽台或窗戶等明顯位置，並大聲呼救。如果在夜間，由於火災可能導致建築物停電，若有手電筒可讓你的位置更顯眼。

二、兩個重點，何事何地

當話筒傳來「一一九消防局您好」，你接下來要說什麼？

「喂，消防局嗎？我這邊失火了！」等等，你「那邊」是在哪裡？

你接著說：「我在我家（或某處），地址是〇〇市〇〇區〇〇路〇〇號〇〇樓。」

火災分秒必爭，如果第一句話就能把「發生何事（火災、車禍或受傷……）」及「發生地點（〇〇區〇〇路〇〇號〇〇樓……）」這兩件事說清楚就滿分了。其實在接通電話的當下，消防局的系統就已經偵測到你的大略位置，若以「市話」撥打會顯示精確地址，若以「手機」報案則會搜尋到離你最近的電信基地台位置，接電話的執勤員就會先派出最近的消防分隊前往。

而現實情況是，我們不見得一直待在自己熟悉的地方，有可能在荒郊野外或山區，沒有明顯路標，或者出外旅行在某間餐廳、旅館或親友家，你可能只大略知道自己在某條路上，但沒有特別記下確切的地址。所以，消防局一一九執勤員在接聽報案電話時，更常聽到的可能是：

「我在○○路上。」（有的路從一段到九段，涵蓋數公里的長度。）

「我在○○大學。」（一般的大學校園可是有好幾公頃大啊！）

「我在一座高架橋下。」（雖然高架橋幾乎集中在市區，但數量依舊非常多。）

「我在一條河邊。」（這和「我在○○路上」一樣難以確定位置。）

「我在一棟大樓裡。」（在市區放眼望去，全都是大樓。）

甚至是：「我在……我不知道這是哪裡，你們可不可以先派人快點過來再說？」

務必記得，如果不知道自己身在哪裡，消防人員就要花更多時間確認「你在哪裡」，才有辦法到正確的案發現場救援。如果不知道確切的地址，盡可能補充說明附近的明顯標誌、建築物（場所）名稱或交叉路口……等等，或是利用智慧型手機定位功能取得位置資訊。

三、一問一答，勿先掛電

講完「發生何事」及「發生地點」兩件事後，消防局指揮中心執勤員還會詢問相關問題，千萬不要打斷，請務必依執勤員的引導「一問一答」，執勤員問什麼就回答什麼。

這些問題都很關鍵，像是有無人員受困（人數與位置）、建築型態（平房、大樓、商場、工廠或醫院）、燃燒情形（幾樓在燒？燒什麼？目前火煙情形）等。詢問這些問題的目的有兩個：首先，便於第一梯次抵達現場的消防人員先行掌握「敵情」，如火災概況、起火位置及人員受困情形等。其次，根據災害現場特性及規模來「增援」，如加派雲梯車、多輛救護車甚至特搜隊（或稱救助隊）人員等。

另外在問答過程中不要緊張，一一九執勤員在通話當下已同步派遣救援車輛趕往，為讓執勤員充分掌握需要的資訊，千萬不要以為對方已經問完就自己先掛電話，一定要確認執勤員已問完所有問題、掛斷電話後，你才可以放下電話。

總之，盡量確保自己已經相對安全了才報案。報案時控制情緒、掌握要領，用最短的時間把地址先說清楚，消防人員才能盡速出動。但千萬不可以謊報火警或無故撥火警電話線，否則將處以罰鍰。為珍惜救災資源、避免觸法，我們都該將資源提供給更需要的人使用，如此才有機會阻擋更多的悲劇。

【求生隨堂考解答：B】

30秒掌握生機

如何正確打119報案？

失火了！快打119報案！

但我們不是應該先逃到比較安全的地方……

報案時三大關鍵

1 安全第一，報案第二

最安全：在戶外

次佳：避難中

不得已：逃生時

報案時應優先確認自身安全，否則很難準確報案。

2 兩個重點，何事何地

何事？

何地？

讓消防隊清楚知道是發生火災或需要救護，以及案發點位置。

3 一問一答，勿先掛斷

確認執勤員問完問題、掛斷電話後，才能放下電話。

正確報案，讓消防隊最快速度抵達現場救援。

第14課
房租便宜是用你的命換的

求生隨堂考

大學畢業後，為了打拚事業而離鄉背井，從此開啟新生活。好不容易找到了四樓公寓套房，為了安全起見，承租時，哪些項目是首要考量？

☐ A. 租金是否符合預算。
☐ B. 交通是否便利。
☐ C. 隔間裝潢是否為防火材質。
☐ D. 有沒有提供免費網路。
☐ E. 公共設施是否完備。

【答案請見文末】

現場直擊

這場火，快得非比尋常。

消防人員趕抵現場時，四樓窗口已有多位民眾耐不住高溫而大喊救命，甚至打算跳樓求生。警消連忙架起雙節梯往上爬，引導民眾逃生。民眾剛下梯，腳才著地，四樓突然轟一聲冒出大火，熊熊火舌竄出，火花、火星、燃燒的物品被轟飛掉落。梯上的消防人員急忙往下撤，底下幾位正鋪設水線搶救的消防弟兄也紛紛閃避。

消防戰力陸續抵達，指揮層級不斷提高。周邊鄰居說，裡面可能還有好幾十人。消防隊迅速控制火勢，隨即派員冒險進入搜救。室內很熱，漆黑一片，消防人員手電筒的光線不過兩步距離就被濃煙吞噬，只能一邊灑水降溫，一邊摸著牆壁緩步向前搜索。

但房子隔間非常複雜，沿牆壁過去是一間間二至三坪小房間，加上滿地障礙物，走道狹窄到只容得下一人通過。揹著空氣瓶及攜帶各項救援裝備的消防人員連轉身都很難。經驗豐富的消防人員看到這種火場也不禁膽顫心驚，因為過去許多案例都是進得去出不來。

消防人員陸續發現兩具焦屍，其中一人在走道，另一人在最後側。另外共救出九人，其中七人無生命徵象，警消將他們抬下樓，送醫搶救，救護車的警笛聲響徹整個夜空。

隔天上午，房東由警方陪同回到現場協助勘查。她步履蹣跚，面對記者提問不發一語。她的手上承載了九條人命。

❖

二〇一七年五月某日晚間八點，一棟五層樓公寓四樓竄出大量火煙。起火原因是人為縱火，凶嫌與四樓住戶因故發生口角，當晚將汽油潑灑在三、四樓的樓梯間，火勢迅速成長。警消獲報後趕抵現場，四樓已全面燃燒，並延燒到五樓。消防人員立即布線搶救，並救援受困民眾。火勢撲滅後，在火場發現兩具焦屍，七人送醫宣告不治，另有兩人輕傷。

租金好便宜？其實是用你的命來換

現場為四層樓建築，頂樓違建加蓋；三樓有五間套房，四樓有十二間套房，違建加蓋的頂樓有十三間套房，總計三層樓隔了三十間出租套房，每間大小僅約二至三坪。

除了縱火，這場火災之所以會釀成如此重大傷亡還有幾個因素：

一、套房皆為木造易燃隔間，導致火勢延燒快速，並橫向往其他房間延燒。

二、逃生通道不足，公共走道狹窄。各樓層公共走道為中央單條走廊，非常狹窄，且全棟僅有一條樓梯，而起火點就位於唯一的逃生通道，致逃生困難。

三、違法改建隔間，破壞防火區劃。建築原為一般透天厝，因違法改建隔間，破壞了防火區隔，加上頂樓違法加蓋，火場濃煙高熱引發煙囪效應。

四、未做消防安檢、未裝消防設備、未告示逃生路線，而且滅火器幾乎過期，連住宅用火災警報器都未安裝。

怎麼會有這樣的房子？遺憾的是，這些都是非法租屋市場的常態。黑心房東為了多收房租，會把一層樓隔成很多個房間，連頂樓都不放過。為了降低成本，隔間材質選用不防火、不隔音的木板隔間，甚至連電器、插座及線路都用劣質品。

這類套房一旦起火燃燒，速度快得令人難以想像。對承租者來說，由於木板隔間沒有防火時效，因此無法「關門避難」（參第十九課）躲在房內待救。另外，走道及樓梯通常只有一條，燃燒後的濃煙高熱貫滿唯一的逃生通道，不利逃生。

租金便宜的背後是成本考量，但犧牲的，卻是人命安全。而房東若以違建套房出租，將可能構成過失致死罪。

安全是租屋的首要考量

租房時，不要因為租金低廉或裝潢美觀就倉促決定，一開始要把安全當成首要考量。

那麼該如何挑選合格、安全的套房呢？這裡依循「防災整備的五個策略」來說明：

一、**不會燒**：用電方面，合格套房會重新計算用電總量並更新迴路配置以確保安全。看房時，要特別注意電線是否老舊、插座有無熏黑、是否插滿延長線，這些都是電線走火的前兆。而在人的部分，應留意住戶單純性，是否常有陌生人徘徊、門禁管理是否健全。

二、**燒不大**：注意隔間裝潢是否為防火耐燃材質，若為木板隔間，不僅隔音效果差，一旦起火會迅速燃燒。

三、**早知道**：每個房間、走廊、樓梯間都要安裝住宅用火災警報器。

四、**跑得掉**：每層樓最好都能有兩個不同方向的逃生口，並須加裝緊急照明燈指示逃生路線。此外，每個房間都要有對外窗戶，發生火警時可向外呼救，讓消防員迅速鎖定位置救援。而逃生動線應維持暢通，走道、樓梯間不能堆積雜物。

五、**救得快**：觀察周邊巷弄是否狹小，以及是否有大量汽機車違停，如此會阻礙消防救援。

【求生隨堂考解答：C】

30秒掌握生機

房租便宜是用你的命換的

車站附近有間套房租金很便宜耶。

租套房一定要小心，不要因為便宜賠了性命。

違法隔間套房放大鏡

違法隔間　裝修易燃　用電超載

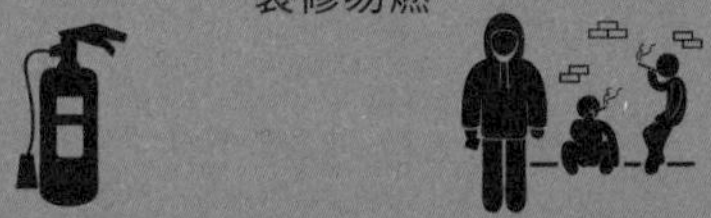

缺消防設備　出入複雜

違法隔間套房一旦發生火災

濃煙密布　延燒快速　逃生不易

正確做法：挑租屋以安全優先

不會燒
電線是否老舊？是否插滿延長線？

燒不大
隔間及裝潢是否為防火耐燃材質？

早知道
房間、走廊、樓梯有無裝住警器？

跑得掉
逃生出口、逃生路線是否暢通？

救得快
周邊巷弄狹小？是否有車輛違停？

出門在外租房子，安全合法最重要。

第15課
鐵皮屋火災其實超危險

求生隨堂考

你住在一個老舊社區，附近到處是鐵皮屋和頂樓加蓋。想像一下，如果你住在鐵皮屋裡，某個房間發生火災且一發不可收拾，你會怎麼辦？

☐ A. 無論如何，先逃再說。

☐ B. 如果發現濃煙，立刻關門避難。

☐ C. 金屬材質不會燒，不用太擔心。

☐ D. 趕快拿滅火器滅火。

☐ E. 躲藏在鋼材接縫處的孔隙，吸取新鮮空氣。

【答案請見文末】

現場直擊

海嘯般的火舌和熱力，讓兩層樓的鐵皮屋工廠倉庫瞬間陷入火海，工廠內大批鋼梁、鋼架也應聲倒塌崩落。

三名消防員進入起火倉庫尋找起火點，搜尋到一半，一名消防員發現空氣呼吸器鋼瓶的氣量不足，於是先行離開火場更換空氣鋼瓶，另兩名消防員則繼續在內部搜索。

但這兩名消防員遲遲未出來，且未回應無線電的呼叫。指揮官察覺情況有異，立即調派人力大量射水，並申請戰力支援。由於現場全面燃燒，近千度的高溫就像帶著刀片的鐵絲網嚇阻著消防人員，要他們別想輕易跨越雷池一步。

半小時後，火勢已控制，指揮官緊急派員入內搜索，並利用緊急求救的定位與聲音系統搜尋兩人的蹤跡。終於，在倉庫中央左側一堆坍塌的鋼架下找到被壓住的兩人，但都已燒焦難以辨認，連配掛的救命器也遭燒融。

消防弟兄噙著淚，以破壞工具將他們拉出，之後從消防衣上的字才分辨出兩人身分。接著用床單覆蓋兩人，一路上不斷給予心肺復甦術急救送醫。

火勢已經滅了，但溼漉漉的、扭曲變形的鐵皮旁，汗涔涔的消防弟兄們席地而坐，不發一語。醫院宣布傷重不治的那一刻，有位隊員低聲說：「任務結束，可以返隊了。」

二〇一三年七月某日下午，消防局獲報一間鐵皮屋家具工廠發生大火，立即調派了五十五輛各式消防車、警消一百三十一人、義消八十七人前往搶救。現場為連棟鐵皮屋，存放大量高級家具，因悶燒許久，三間鐵皮屋不斷冒出濃煙。在不確定起火點的情況下，指揮官指派一組人破門搜救，尋找工廠關係人、起火點和受困民眾，並派一組人在倉庫外布水線。由於發生閃燃，鐵皮屋鋼梁倒塌，第一批進入火場的兩名消防隊員因公殉職。

「如果有一天，我命中注定要失去生命，請用你庇護的手保佑我的家庭，讓他們平安度過一生。」這是其中一位罹難消防員曾在臉書上引用美國猶他州鹽湖城消防員的祈禱文。

鐵皮屋一失火就災情嚴重

歷年來，鐵皮屋火警層出不窮，因而罹難的案例也非常多。為什麼鐵皮屋失火災會導致這麼嚴重的災情？致命的原因有三：

一、**結構不夠堅固**。鐵皮屋的梁柱、屋頂及牆壁都是以鋼骨、鐵皮搭蓋，火場溫度達六百度就會破壞鋼性，一千度以上會使鋼骨因受熱而彎曲，鐵皮屋可能失去平衡而塌陷。

二、**火勢成長迅速**。鐵皮類空間都採加高加大空間的設計，因此火災剛發生時有充沛的空氣得以供應，加上鐵皮屋的裝潢多以不耐燃木材板裝修，只要起火便迅速延燒。

三、**火災猛烈度大**。許多鐵皮倉庫內都會堆積易燃性物品，一旦燃燒，將提供大量可燃物助燃。另外，由於鐵皮架構的垂直接縫處並非完全密合，濃煙會透過縫隙瀰漫至其他空間，而高熱又會再加大鐵皮接縫處，促使大量空氣對流，讓火勢更加猛烈。

因此，如果選擇鐵皮建築作為居住場所，就如同家中埋放地雷一樣。而對消防人員來說，在鐵皮屋內執行火災搶救任務所面臨的危害又更加可怕。

許多資深消防人員受訪時提到，他們「最怕」的七種火警現場，第一名就是鐵皮屋工廠及化學工廠。因為火場高溫很快就會把鐵皮結構燒到變形倒塌，很容易造成消防人員救災時摔落受傷或遭鋼材壓傷，倘若又遇到閃燃，其高溫更足以將一切化為灰燼。

所謂「閃燃」（flashover），是指當建築物發生火災而室內溫度達六百度時，聚集在天花板上方的可燃性氣體將瞬間引燃室內所有物體，造成全面燃燒，是火勢瞬間全面擴大的關鍵。一般建築物形成火災時，大部分是很濃的煙、不大的火，直到發生閃燃，火勢才會迅速擴大。接著就進入火災最盛期，也就是火舌竄出屋外、擴大延燒。

盡量避免住鐵皮屋

鐵皮屋火災如此危險，建議避免居住這類建物。如果非住不可，務必做好「防災五大策略」（參PART 3），在「不會燒」與「燒不大」還須特別注意以下幾點：一、謹慎用火用電，掌握電量負荷，做好火源管理。二、鐵皮屋內裝潢、隔間應以防火或耐燃材料進行裝修。三、降低屋內火載量（如泡棉、雜物、紙張等易燃物）。

雖然我們不可能保證百分之百不發生火災，但鐵皮屋若發生火災，它無法像RC建築可以靠鋼筋混泥土牆壁形成相對有效安全的避難空間，以阻擋濃煙高熱，因此不適用「濃煙關門」這個避難原則。再加上鐵皮屋的燃燒速度比RC建築物更快、更猛烈，鐵皮架構會因為高溫而變形倒塌，可以安全逃生的時間會比RC建築物更短。

唯有裝設住宅用火災警報器，提早偵測火災的發生，才能及早滅火或逃生。假如真的不幸在鐵皮屋遇到火災，只能以低姿勢盡快逃生，但能否順利逃出就看天意了。

【求生隨堂考解答：A】

30秒掌握生機

鐵皮屋火災其實超危險

最近鐵皮屋火災意外很多，似乎一燒起來就很猛！

超恐怖的！不知道火災時該怎麼樣才能保命？

鐵皮屋火災致命特性

鋼材變形坍塌

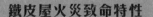

火災成長快速

火勢猛烈

正確求生

關門無效，快逃生

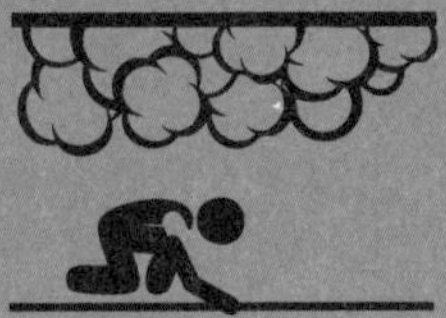

濃煙密布，低姿勢

防災準備

做好火源管理

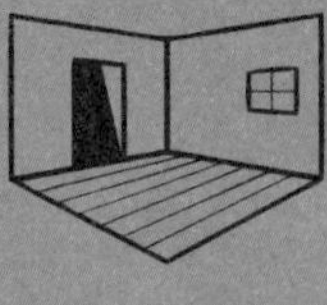

防火材質裝修

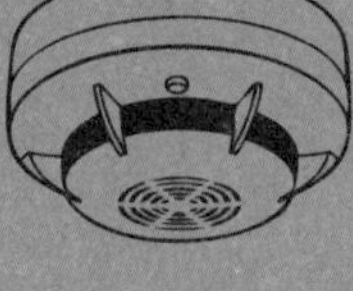

安裝住警器

鐵皮屋火災關門無效，只能盡速逃生。

第16課
火災時能不能躲浴室？

求生隨堂考

你一定聽過這樣的建議：「若無法逃出火場，最好躲在浴室並關門，等待消防隊來救援。」新聞報導也曾以斗大標題宣揚「火場躲浴室獲救」的消息，吸引了許多民眾關注。你認為火災時可以躲浴室嗎？

☐ A. 可以，因為能蹲在放滿水的浴缸裡。

☐ B. 可以，因為能拿蓮蓬頭滅火或沖溼身體。

☐ C. 可以，因為能貼近浴室地板排水孔吸取殘存新鮮空氣。

☐ D. 可以，因為能用溼毛巾塞住浴室門縫。

☐ E. 不行，因為塑膠門一遇熱就融化。

【答案請見文末】

現場直擊

「媽媽和妹妹還在裡面……」她赤著腳，身上僅披著一件深色襯衫，不住顫抖。她絕望地望著一家人開了十幾年的早餐店，此時變成一座火山，噴發著火舌與濃煙。回想自己剛才千鈞一髮之際，被消防隊雲梯車從隔壁三樓屋頂陽台救下來，這一切彷彿不是真的。

消防人員火速用破壞器材鋸開一樓鐵捲門，進入屋內逐層搜索人命。很快地在一樓後方廁所內，發現倒臥的媽媽和妹妹。

❖

二〇一七年二月某日凌晨四點，一棟三層樓住宅竄出大火，消防局出動十八輛消防車、五輛救護車、四十八名消防人員前往搶救。四十分鐘後撲滅火勢，救出五名受困民眾，其中一對母女被發現躲在一樓後方浴室中，已無生命跡象，送醫急救後仍宣告不治。

火災發生時，睡在三樓的母親立即下樓叫醒睡在一樓的女兒逃生，但此時一樓已濃煙蓄積，伸手不見五指。母女倆嗆傷後躲入浴室避難，卻擋不住濃煙烈焰的侵襲而罹難。

這棟透天厝一樓最前側是早餐店面，往後是浴室，再往後是廚房和儲物室。火災發生後，廚房和儲物室都沒有被燒毀，當時她們只要再往後跨幾步，便可通過廚房、儲物室後方的防火巷安全逃生了。

躲浴室，是讓這對母女在火場中罹難最主要的原因。

躲浴室等於斷後路

為什麼火災時不能躲浴室？有以下五個原因：

一、浴室門大多是塑膠製，無法耐高溫。大多數的浴室都是不耐高溫的塑膠門，只要濃煙溫度（約兩百至四百度）就可以將門融化。因此，躲在浴室或廁所裡無法有效將濃煙抵擋在外，最後還會因為遭濃煙侵襲而窒息身亡。

二、浴室中的水不足以滅火及降溫保命。浴室裡看似有充足的水源，但面對火場等級的濃煙高熱是沒有效果的。至於全身淋溼則只是心理安慰作用，僅能增加安全感卻無實質效果。甚至當高熱降臨時，整間浴室的水會快速汽化成水蒸氣，急遽拉升內部的溫度。

三、浴室的排水孔並沒有新鮮空氣。為了不讓水管內的臭味飄入浴室，排水孔都設計了「存水彎」的裝置，類似洗手台下的S形水管，其原理是利用彎曲造型將「積水」留在管內，發揮隔氣作用，避免大樓用戶的廁所臭味四處散發。

四、浴室天花板大多是易燃的塑膠材質。浴室塑膠材質的天花板一遇熱會先起燃，並滴下帶火融化的塑膠，直接灼傷躲在裡面的人。加上浴室通常都有管道間，火勢濃煙有可能從管道間延燒進來。

五、浴室空間小，甚至沒有對外窗戶。浴室空間通常比較小且密閉，甚至沒有窗戶，或只留一小扇氣窗。因此躲在浴室裡很難對外呼救，救援人員也不容易發現。

簡而言之，遇到火災不能躲浴室的關鍵原因就是：浴室的塑膠門一遇熱就會融化，濃煙便趁隙侵入，一瞬間就會讓人窒息。躲浴室無法藉由關門來創造安全的避難空間。

遇到火災時應該先逃生，不利逃生時則選擇「避難」，而避難時絕對不要躲進浴室。

【求生隨堂考解答：E】

30秒掌握生機

火災時能不能躲浴室？

聽說失火時躲在浴室可保命？

不行吧？濃煙一下子進去了不就沒命了？

錯誤迷思

浴室雖然有水，但面對火場等級的濃煙高熱是沒效的。

為什麼不能躲浴室？

躲浴室會怎樣？

浴室的水無法保命，塑膠門遇熱就會融化。

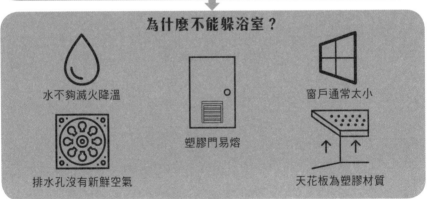

第17課
火災時該不該往上跑？

求生隨堂考

在公寓或大樓中突然聽到火警鈴聲響起，你拔腿就跑向樓梯口打算逃生，這時該往哪裡逃才對呢？

☐ A. 無論如何，往下跑到一樓，離開建築物。

☐ B. 無論如何，往上衝到頂樓避難。

☐ C. 先判斷起火點是在樓上還是樓下，然後往反方向逃生。

☐ D. 確認通道安全，向下逃生。

☐ E. 確認通道安全，往頂樓逃生。

【答案請見文末】

現場直擊

消防隊員從一樓往上直奔，到處濃煙密布，然後在往八樓的樓梯間發現趴在地上的兩名孩子及一名年輕男子。消防人員抱起兩個孩子就往樓下跑，其他人合力揹著男子下樓。

女子接獲噩耗趕回家，看到的卻是她的丈夫及一對兒女被抬上擔架。兩個孩子身上都有超過百分之八十的面積為二、三度灼傷，並有嚴重吸入性嗆傷，急救後雖暫時恢復心跳，但已經腦死。丈夫則早已宣告不治。

母親不忍心兩個孩子遭受痛苦的折磨，同意放棄急救。這個家就只剩下她，該怎麼走下去？

◆

二〇〇七年四月某日下午，一棟公寓大廈七樓冒出熊熊烈火，消防局獲報後立即出動七個消防分隊、近百名義警消及十多輛車趕往搶救。雖然撲滅了火勢，仍造成三死八傷。死亡的父子三人原本住在七樓，被發現罹難在通往八樓的樓梯間。

為什麼「逃」了卻沒「生」？

起火處是公寓七樓的客廳，消防人員抵達現場時，窗外已冒出熊熊烈火。這名父親發現家中火災後，第一時間就拉著兩名小孩趕緊奪門逃生。家門有兩層，外層門由內向外推開後，正好抵住往下的樓梯出口，導致這名父親直覺應該往上衝。他想由頂樓逃生，卻在樓梯間被上升的濃煙嗆死，罹難於通往八樓的樓梯間。

既然都已經有辦法從最危險的起火處奔到門外相對安全的區域了，為什麼還是逃不過死劫呢？有兩個原因，一是沒關門，二是往上逃。

開門逃生後卻沒有立即關門，房內的濃煙高熱自然跟著竄出，讓原本可以安全逃生的樓梯變成致命的毒氣室。就算出了大門往上逃，也快不過同樣往上蔓延的濃煙高熱。事實上，經過事後火場勘查，七樓以下的樓梯間壁面都沒有煙燻的痕跡，因此當時如果三個人都往下逃，便能夠存活了。

濃煙跑得比人快

前內政部消防署災害管理組林金宏組長曾經這麼定義「逃生」：顧名思義，就是「逃」了就一定能「生」還。要確保一定能生還，最佳策略就是離開該棟建築物，而離開建築物的最好方法，則是跑到一樓後往外跑。所以如果在二樓以上的樓層，原則上應該往下跑。

能夠逃生時，「向下」是正確的原則。選了錯誤的逃生方向，很可能造成無法挽回的悲劇。在明白了「向下」的原則後，還必須延伸思考以下幾個問題：

火災發生在樓下時怎麼辦？

當樓上或同樓層發生火災，當然要往下逃，但如果火災發生在樓下，往下不是更接近火場及濃煙高熱嗎？為什麼此時不是往上逃來遠離起火點呢？

假設你住在大樓裡，即使知道發生了火災，但其實你第一時間是沒辦法得知起火處是所處樓層的下面還是上面。不過重點不是火災發生在哪裡，而是逃生通道是否安全暢通。如果樓梯間還沒被濃煙高熱侵襲，只要能安全通過，自然是向下逃生較好。

逃生通道不安全怎麼辦？

當往下的樓梯間已經充滿濃煙高熱時就無法往下逃生，既然不能往下，那麼能不能往上呢？實際上，火勢濃煙遇到樓梯或垂直的通風管道，因為沒有門與隔間等阻擱物，會迅速向上蔓延，也就是所謂的「煙囪效應」。濃煙高熱上升後，到了頂層天花板被擋下來，於是開始由上往下蓄積，愈往頂樓的溫度就愈高，煙層也愈濃，自然愈危險。就算逃生當時往上的樓梯間是安全的，但濃煙每秒可上升三到五公尺，一秒鐘就能上升一層樓。沒有人能夠跑得比煙快，就算往上跑也同樣會被濃煙追到。

另外，許多公寓大樓的頂樓為了防範宵小及避免孩童危險，都設了一道門並上鎖。如果火災時往上跑，好不容易到了頂樓，卻發現被一道門擋住了出路，這時濃煙高熱抵達，你想逃也找不出第二條路。因此，假如你根本無法往下逃，那就一定也沒辦法往上了，這時就要採取其他應變方法了。

其他注意事項與例外

當逃生通道安全暢通時，向下逃生是正確的原則。一旦逃離了起火點，記得在開門逃生後要立即關門，將火勢暫時局限在房內，避免火勢蔓延。

而當逃生通道充滿濃煙高熱時，絕對不要試圖穿越濃煙逃生，不管是往下或往上都一樣危險，這時要改採「留在室內安全房間，並且關門求生」的策略。

當然，向下逃生原則還是有例外的，那就是假如你在火災發生時是在地下室，就得盡速往上跑到一樓，趕緊離開建物吧。

【求生隨堂考解答：D】

30秒掌握生機

火災時該不該往上跑？

如果樓下發生火災，是不是應該往上跑？

不對吧，愈往上煙愈濃且溫度愈高。

錯誤迷思

遇濃煙高熱無法向下逃生，改往上跑會更危險。

為什麼不能往上跑？

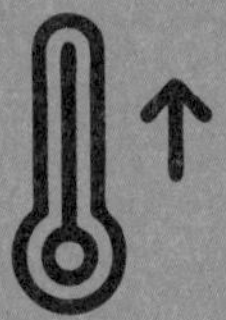

愈往上愈熱

濃煙上升快

頂樓可能被上鎖

濃煙上升速度每秒3~5公尺且愈往上煙愈濃、溫度愈高！

正確做法

逃生通道暢通時

向下逃生

梯間濃煙高熱時

關門避難

濃煙上升快，愈高處愈熱，絕不能往上逃。

第18課
遇濃煙時要不要用溼毛巾摀口鼻？

求生隨堂考

電視新聞報導著某處發生火災，現場濃煙密布，結果屋主因吸入過多濃煙而致命，想像一下，如果自己身在煙霧瀰漫的火場中，為了活下來，你會怎麼做？

☐ A. 用溼毛巾摀住口鼻，穿越濃煙逃生。

☐ B. 用乾毛巾摀住口鼻，穿越濃煙逃生。

☐ C. 用塑膠袋套住頭部，穿越濃煙逃生。

☐ D. 用棉被包裹身體，穿越濃煙逃生。

☐ E. 先想辦法避開濃煙，再尋求其他方法。

【答案請見文末】

現場直擊

消防隊員們全副武裝，一組一組進入屋內。

「都逃出來了嗎？」屋主年邁的母親焦急地問。

「還有兩個，在四樓後側房間……」睡在四樓前側房間的屋主夫婦剛從陽台被救下，懇求消防隊員救救他的兩個女兒。

大量火煙不斷從二、三樓前方窗台竄出，消防人員除了持續射水降溫，避免火勢延燒到隔壁，同時進入屋內尋找起火點及人命搜救。到了四樓，火勢沒有延燒上來，但上竄的濃煙早已瀰漫整個空間。四樓中間共用浴室的塑膠門已經燒焦、融化變形，浴室內部壁面嚴重熏黑。消防人員一邊確認裡面有無人員受困，一邊奔向後側房間。

房門是關上的。

「濃煙可能沒有進到房間內，裡面的人或許還活著！」消防人員士氣大振。

這股希望在開門瞬間煙消雲散。沒想到房間內竟然濃煙瀰漫，能見度不到一公尺。濃煙彷彿鬼魅般炫耀著身上的黑色斗篷，對著門口的消防人員訕笑：「你們來晚了。」

消防人員快步進房，發現兩名女子斜躺在床上。兩人身上雖然沒有燒焦熏黑，但已無生命徵象。他們趕緊將兩人急救送醫，判定是吸入大量濃煙致死。

◆

二〇一七年一月凌晨四點，一棟五層樓透天厝的二樓客廳起火，消防人員第一時間趕到現場時，已有火舌濃煙自窗台竄出。

當時四樓共有五人，前側主臥室是屋主夫妻及一名四歲小女兒。樓層中間是走廊、一間共用浴室及室內樓梯，二十歲大女兒及十五歲二女兒睡在最後側臥房，兩人被發現時，都已經沒了呼吸心跳。

同樓層生死兩樣情，關鍵在於濃煙

這一家人同樣都在四樓，門也都關著，但為什麼前側主臥室沒有任何煙燻痕跡且三人生還，而後側臥房卻濃煙密布、造成兩人罹難？消防人員在現場發現了兩個疑點。

第一個疑點：消防人員抵達現場時，後側臥房的門是關的，但濃煙是怎麼進去的？對照前側主臥室沒有煙燻痕跡的結果，關門確實能有效阻擋濃煙，而且火災發生時，後側臥房的窗戶是開啟的，就算有些許濃煙從門縫滲入，也可以從窗戶排出去，不太可能因此致命。況且窗戶的採光罩和窗框也沒有任何熏黑痕跡，同步排除濃煙是從窗外竄入。

也就是說，在火災發生期間，門必定打開過。而開門的原因是什麼呢？

消防人員後來在臥房內地板上，發現一條浸溼的浴巾。

第二個疑點：為什麼後側臥房門內地板上有溼浴巾？

難道是消防隊救災時噴灑進來的水弄溼的嗎？根據當天救災指揮官表示，因為四樓沒有被火勢延燒，所以並未向後方臥室內射水。而現場勘查後發現，除了這條溼浴巾，其他物品都沒有被弄溼，換句話說，這條浴巾是刻意弄溼的。

綜合這兩點，我們整理出兩件事：首先，臥房的門在火災發生期間曾被打開；其次，有條浴巾因為某種原因被刻意弄溼了。

事情經過逐漸明朗，研判這兩位罹難者發現火災後打開臥室房門，走到浴室弄溼毛巾。但門被打開後，大量高溫濃煙迅速竄進房內，雖然她們很快關上門，但移動過程中已吸入大量濃煙，回到臥房後，也因持續處於濃煙籠罩的環境而致命。

相反的，前側主臥室屋主夫妻及四歲小女兒得知發生火災後，立即關閉房門，避免濃煙竄入房內，然後往前方陽台避難，後來被消防人員順利救出。

這就呼應了第十課說的，濃煙是火場的頭號殺手；絕大部分的火場罹難者不是被活活燒死，而是被濃煙嗆昏後死亡。

不要輕忽濃煙的致命性

什麼是濃煙？前面說過，火災初期會先產生白煙，主要成分是水蒸氣，對人體沒什麼危害，算是「淡煙」。但燃燒一段時間後，開始出現深黑色的、可燃性、劇毒、高溫的氣體，這就是「濃煙」。

一般情況下，在火場遇濃煙的機會不大，多數人知道火災發生時，身處的環境都還沒有煙，大部分是開房門察看後才發現門外或梯間有煙。如果立即關門，就不會遇到濃煙。

但很多人輕忽了濃煙的致命性，想從原本沒有煙且相對安全的環境，穿越幾百度劇毒的濃煙逃生。事實上，光是暴露在濃煙之中，只要吸到一口氣，就會窒息喪命。

濃煙之中，別想靠溼毛巾保命

或許你會說，就是因為知道濃煙致命，才想用溼毛巾加減防護啊。

實驗證明，溼毛巾只能擋住濃煙中的固體（碳粒子）和液體（炭渣或焦油）。誤以為在濃煙密布的環境中能靠溼毛巾保命，這種虛假的安全感和錯誤觀念比濃煙更致命！

為什麼溼毛巾沒辦法帶你穿越濃煙？

一、溼毛巾擋不住濃煙中的毒氣：有毒氣體和氧氣都是氣體，如果溼毛巾可以擋住有毒氣體，同時也會擋住新鮮空氣，讓你無法呼吸。

二、溼毛巾擋不住濃煙中的高溫：當用溼毛巾摀住口鼻時，溼毛巾遇熱產生的水蒸氣一旦吸入呼吸道，會造成嚴重灼傷。

三、一手拿溼毛巾無法快速逃生：濃煙中要逃生，只能採「低姿勢」，但低姿勢不是彎腰降低重心就好，而是匍匐前進（雙肘雙膝碰地）。在這樣的時候，如何能夠一手拿溼毛巾並用單手快速移動？

四、浪費時間而且還得弄溼毛巾：不妨實際做做看，從跑到浴室、找到毛巾、弄溼毛巾、用力擰乾再跑到門口需要多久時間？另外，你家裡有幾個人？需要幾條溼毛巾？總共要花多久時間？

五、口鼻之外的部位顧不到：儘管摀住了口鼻，但身體其他脆弱的部位像是皮膚、頭部、眼睛等，仍然暴露在高溫的危險中。

簡而言之，溼毛巾根本擋不住濃煙高熱，而且你為了穿越濃煙，反而把自己從原本相對安全的環境，移動到更致命的危險中。

而這種錯誤觀念既然如此致命，為何還到處流傳呢？

這個觀念大概是二十世紀初從美國開始流傳，當時美國的房子以木造居多，一旦發生火災就是全毀，所以無論是什麼情況，一定要想盡辦法逃離火場。現在則大多是鋼筋混凝土具防火建材的建築物，發生火災後，起火處的濃煙高熱不容易散去，就會以極快速度蓄積濃煙、劇毒及高熱。

過去木造房子燃燒的發煙量較現代建築物少，且不易產生濃煙。台灣早期也有很多木造建築物，所以當時教導大眾逃生時要用溼毛巾，避免吸入煙灰，引起咳嗽不適，就當時情況來看應該是正確的做法。但隨著時代更迭、建築型態改變，防災觀念也該與時俱進。

努力求生，但別冒險逃生

火場中，要求生，別涉險逃生，尤其遭遇濃煙時，絕不該貿然穿越逃生。

如果火災發現得早，你應該立即逃生、離開現場，而不是浪費時間找溼毛巾或其他其實無法保護你的東西，不但浪費了寶貴的時間，還可能因此害你受困火場。

如果火災發現得晚，你應該尋找相對安全的地方避難，千萬別想靠溼毛巾或其他東西，讓自己從「相對安全」的地方移動到「更致命」的炙熱劇毒濃煙中。

【求生隨堂考解答：E】

30秒掌握生機

遇濃煙時要不要用溼毛巾摀口鼻？

火災現場濃煙密布時很容易嗆傷，應該怎麼做？

聽說不能用溼毛巾，但實際做法是什麼呢？

錯誤迷思

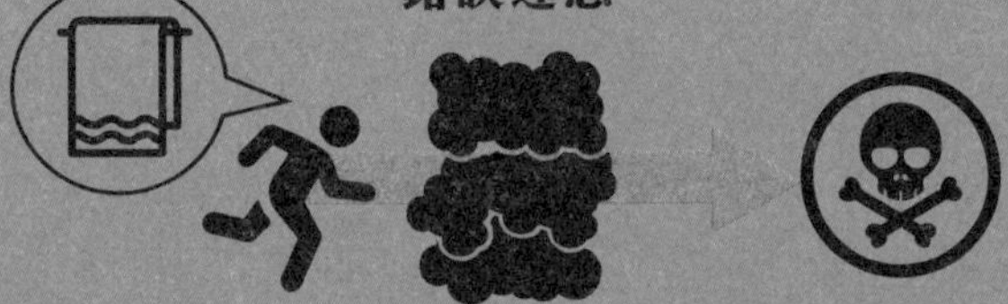

以為用溼毛巾摀口鼻可安全穿越濃煙，卻往往沒命！

為什麼不能用溼毛巾？

正確做法

關門求生

避開濃煙

絕不可穿越濃煙逃生，應關門求生。

第19課
小火快逃，濃煙關門

求生隨堂考

想像你住進一間旅館，三更半夜，刺耳的火警鈴聲劃破了寧靜，驚醒的你該怎麼做？

☐ A. 不理會，應該是惡作劇，繼續睡覺。

☐ B. 出房門取滅火器，前往協助滅火。

☐ C. 如果發現房門外濃煙密布就立即逃生。

☐ D.如果發現房門外濃煙密布就立刻關門。

☐ E.打開房門走到走廊，看看其他房客怎麼做。

【答案請見文末】

現場直擊

深夜兩點，旅館突然警鈴大作，刺耳尖銳的鈴聲驚醒二十餘名睡夢中的房客及員工。

當時在二樓值班的櫃檯人員拖著疲憊的身體正準備睡覺，聽到警鈴聲大響，趕忙先衝到廚房察看，發現沒有異狀後又走回櫃檯，卻發現櫃檯旁的一個房間門縫下不斷有煙飄出，於是趕緊打開門想確認發生什麼事。然而就在開門的瞬間，火舌及濃煙立刻向外竄，迅速蔓延到走廊。

惡魔般的火舌及濃煙讓他又驚又恐，趕忙抓起話筒要報案。這時旅館清潔工高喊「快走呀！快走！」，而一名日本女房客正好走出房間察看，兩人便帶著她火速往一樓逃生。

到了一樓，驚魂未定之餘，被三月的冷風一吹，驚覺暗夜惡火中還有二十人在樓上，想再返身上樓時，通往二樓的樓梯口已被濃煙吞噬，不到半小時，整間旅館陷入火海。

❖

二〇〇九年，一間近五十年歷史的老牌旅館突然失火，頓時警鈴大作，消防局一共出動二十五輛消防車、十三輛救護車、一百零六名消防人員投入搶救。火勢歷經二十九分鐘迅速撲滅，但依然造成七人罹難、一人重傷不治。

這間旅館是一棟四層樓頂樓加蓋的透天建築，一樓是商店，二樓以上是旅館。七名罹難者中，三名被發現死於浴室，另外四名分別在逃生過程中罹難。

兩名分別住在二、三樓的房客被發現嗆死在通往樓下的樓梯間；一名住在三樓的房客選擇往上逃生，結果嗆死在上樓的樓梯間；還有一名罹難者住在四樓頂樓加蓋的房間，疑似逃生時不慎跌倒，撞到頭部後昏厥，就這樣被嗆死在房內，距離房門僅一步之遙。

火勢撲滅後，現場全面封鎖，調查人員勘查後發現，四位罹難者房裡幾乎沒有火煙侵入與燃燒痕跡，頂多只是些許熏黑。也就是說，他們打開房門發現門外已經濃煙密布時，如果不試圖穿越濃煙高熱逃生，而是選擇關門、在室內等候救援，可能因此改變了命運。

求生原則：小火快逃，濃煙關門

許多人以為，發生火災時如果不逃生，就會死在屋裡，所以無論如何非逃不可。但火災的情況是會隨時間而變化的。

火災一發生，剛開始燃燒的溫度不高，只會因水蒸氣蒸發而產生白煙。隨著火勢逐漸擴大，溫度會持續升高，這時候人還能夠勉強生存。之後溫度將直線升高，使得周圍的物品釋放出可燃性蒸氣，加劇火勢的成長。此時煙的顏色由白轉為深色濃煙，四處蔓延並飽含劇毒，因此這時候整個火場變成致命的煉獄。

了解了火災發展的大致過程，那麼我們究竟該如何應變呢？正確的避難求生原則就是「小火快逃，濃煙關門」。

小火快逃：如果火災發現得早，應該立即逃生、離開現場。現在的旅館依規定須在房門後設置「通道標示圖」，但入住後仍要實際走一遍，除了免於火警發生時因慌亂而走錯方向，也能確認逃生通道是否暢通、沒有堆放雜物。

濃煙關門：如果火災發現較晚或火勢已經擴大，打開門驚覺門外或逃生樓梯間已充滿濃煙高熱，這時絕對不能往外跑，當務之急是立刻「關門」！

以前面的案例來看，火警鈴響後，二樓的櫃檯人員、清潔員及日本女房客因為距離逃生出口較近，因此能成功逃生。在所有生還者中，就連一位住在四樓、距離樓梯最遠的房客，也都在第一時間逃生並且安全離開。也就是說，只要在警鈴聲響的當下立即逃生，絕對都能夠存活下來的。

那麼，如果太晚發現火災或礙於身體行動不便等因素而錯過逃生時機，該怎麼辦呢？這時就該找到相對安全的地方「關門避難」，或是待在房內「就地避難」，千萬別想憑著血肉之軀，嘗試穿越高溫劇毒的濃煙逃生。

【求生隨堂考解答：D】

30秒掌握生機

小火快逃，濃煙關門

如果投宿的旅館發生火災，怎麼辦？

打開門先看看有沒有濃煙再應變！

火災變化階段
火苗
火+白煙
濃煙密布，看不到火
應變原則
小火快逃
濃煙關門
關門避難的作用
阻擋濃煙
爭取時間
等待救援

依據不同火災情境，採取不同應變策略。

第20課
只要關門就一定能保命？

求生隨堂考

假如你正在某個空間裡，突然發生火災，你一探頭，發現門外火勢濃煙密布。這時你想起了「小火快逃，濃煙關門」這個避難原則，於是當機立斷，馬上「關門求生」。但等等，你知道「關門求生」適用於怎樣的建築類型嗎？

☐ A. 泥造建築。

☐ B. 木造建築。

☐ C. 鐵皮建築。

☐ D. 鋼筋混凝土建築。

☐ E. 適用於所有狀況。

【答案請見文末】

現場直擊

清晨四點多，一聲淒厲尖叫劃破夜空。

睡在鐵皮屋二樓的四名男性被隔壁房間女性友人的尖叫聲驚醒，起床一開房門，已見滾滾濃煙。

「燒起來了！燒起來了！」

四人三步併做兩步，衝到樓梯口想從鐵梯往一樓逃生，才踏下兩階，樓梯下方已是整片濃煙火海，張牙舞爪的熱浪向四人咆哮。四人只能退回房間，合力將房間鐵窗破壞後，從二樓窗戶跳樓逃生。

一名男子剛剛安全抵達地面，卻未見到妻子的蹤影。幾個成功逃生的同伴立即再從戶外向二樓窗戶架設鋁梯。男子在一片火海中奮力救出已重傷昏迷的妻子並緊急送醫，但當他們想要再攀梯上去救其他人時，已經無法再進入室內，整棟房子被濃煙火舌完全吞沒。

❖

二〇一五年十二月清晨，一處兩層樓鐵皮屋的一樓突然起火，起因是十幾個人前一晚在一樓大廳邊摺蓮花紙藝品邊聊天，直到清晨四點多才入睡。未料桌上兩盞供佛的酥油燈點燃這些紙藝引發火災，火勢迅速蔓延，幾分鐘內就陷入火海。消防人員在三十分鐘內撲滅火勢，並在二樓房間、廁所內發現七具被燒得焦黑、難以辨認的女屍，另一位被丈夫抱出的女子，送醫後也因傷重不治。

為什麼關門避難沒用？

起火處為一樓大廳神明桌，因祭祀不慎引發火災，加上一樓存放大量紙類可燃物，起火後迅速延燒並產生大量濃煙高熱。起火時間在深夜，大家都已入睡，等到發現火災時，從二樓通往一樓唯一可逃生的鐵梯已被火舌濃煙吞噬。

若以「小火快逃，濃煙關門」的原則來看，既然太晚才發現火災，此時門外或向下樓梯間已經充滿濃煙高熱，如果改採關門避難方式，是否就有機會存活？答案是：存活機率依然極低。

這場火災中，睡在一樓的三個人成功逃生；睡在二樓的除了四名男子破窗逃生，其他七人全部罹難。經災後勘查，這七人中有六位的房門沒關，但關門的那位同樣罹難了。為什麼？

因為它是鐵皮屋。

濃煙關門原則三要件

「小火快逃」幾乎適用於所有的火災情境，但「濃煙關門」（遭遇濃煙，關門求生）要發揮作用，避難的空間必須同時滿足三個條件：

一、**結構須耐燃**。建築結構若為不耐燃材料，並不適合關門避難。木造屋、泥土牆這類材質的建築遇火勢會燃燒殆盡，而鐵皮屋遇高溫時強度會折損，造成結構坍塌，鐵皮接合處受熱膨脹後的縫隙會讓濃煙流竄，無法藉由關門來創造安全空間。因此，「關門避難」原則適用於有防火時效的隔間牆、屋頂與地板（鋼筋混凝土、磚牆、矽酸鈣板），也就是一般居住的透天、公寓、大廈、旅館等。

二、**有對外窗戶**。對外窗戶可用來求救並將濃煙排到戶外，但如果所在房間沒有對外窗戶，是不適合關門避難的，因為毒氣濃煙會慢慢累積，有致命危險。

三、**門可耐高溫**。門的材質至少要是實心木門或具防火功能的門，因為塑膠門只要大約兩百度至四百度就可以融化，而玻璃門一旦遇到高溫，玻璃內外兩側溫差過大就會破裂。另外，如果門上有排氣窗，會讓濃煙高溫有機可乘、長驅直入。因此，門的材質若不耐高溫，就不適合關門避難。

這三個條件必須同時存在，才能適用「關門避難」的求生原則。若有一項不符合，則須在火災早期便立即逃生，才有生還機會，太晚才發現甚至已經濃煙密布，此時只能以低姿勢盡速逃生，或以低姿勢移動到符合關門求生三要件的房間內避難。

其實，無論是哪種類型的建築物，都應該裝設「住宅用火災警報器」，在火災初期便發出警報，以便及早發現火災，及早逃生避難。不要等到錯過逃生時機、被火場逼入絕境後，在別無選擇下鋌而走險。

【求生隨堂考解答：D】

30秒掌握生機

只要關門就一定能保命？

是不是只要遇到濃煙就關門？

不一定，至少要符合三個條件……

1 結構須耐燃

鐵皮屋、木造屋遇火會燒毀坍塌，只能盡速逃生。

2 有對外窗戶

窗戶除可對外呼救、便於救援，也能排出濃煙。

3 門可耐高溫

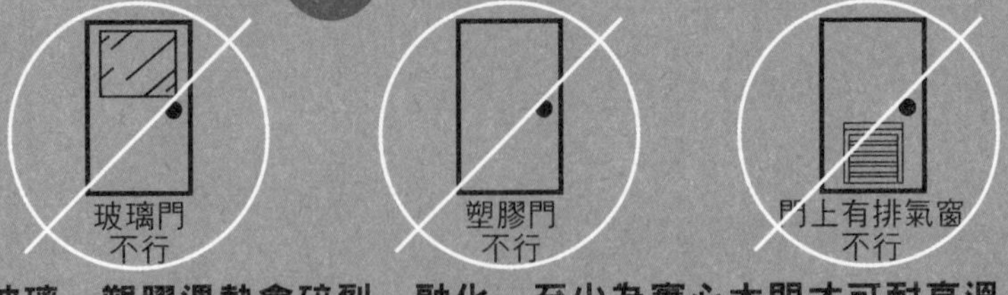

玻璃、塑膠遇熱會碎裂、融化，至少為實心木門才可耐高溫。

三個條件須同時具備，關門避難才能保命！

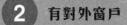

第21課
關門後要不要塞門縫？

求生隨堂考

某天醒來，發現隔壁著火了，開門一看，整個梯間走廊濃煙密布。由於你已經學會「小火快逃，濃煙關門」的觀念，因此機警地先關上門。但濃煙似乎還是從門縫中微量滲進屋裡，這時你應該優先做什麼？

☐ A. 稍微開一點門縫，讓濃煙排出後再關上。

☐ B. 打開窗戶。

☐ C. 拿溼毛巾摀住口鼻。

☐ D. 拿溼毛巾堵住門縫。

☐ E. 低姿勢躲在房內。

【答案請見文末】

現場直擊

「學校之前請了消防隊來演講……家裡火災時，我看著煙不斷往房裡冒，於是就……」女學生坐在醫院病床上，帶著氧氣面罩，略有疲態地向記者說明剛才的劫後餘生。

火災發生當下，她正在四樓房間裡睡覺。驚醒時發現有煙不斷滲進房內，她一邊打電話求救，一邊確認房門外火勢。

「不行，外面都是濃煙，根本逃不出去！」

她的祖母此時也在屋外，望著房子不斷竄出火苗，焦急地像熱鍋上的螞蟻。

「冷靜、冷靜，我記得上次消防隊來學校有教……」女學生沒有急著打開房門逃生，反而拿了溼毛巾塞住門縫，避免濃煙進入，同時間打開窗戶，待在窗邊。

時間一分一秒過去，外頭的火煙依然虎視眈眈，彷彿下一秒就要破門而入。千鈞一髮之際，消防隊控制了火勢並衝上四樓。開門後，女學生毫髮無傷，只有輕微嗆傷。

整棟房子除了女學生的房間，從一樓到四樓已嚴重熏黑，牆壁、樓梯宛如木炭。

❖

二〇一四年十一月某日下午，一棟透天厝的一樓竄出火苗，當時四樓一名高中女生在睡覺。消防隊在二十分鐘內撲滅火勢，進入房內救出她時，僅輕微嗆傷，送醫後無大礙。

這名少女能夠存活下來是因為做對了幾件事。首先，遭遇濃煙沒有貿然逃生；其次，她打開窗戶，耐心等待救援；第三，關門，並拿毛巾塞住門縫。簡單來說，這名少女在正確的時機點「關門求生」，為自己爭取更多的待救時間。

門縫該怎麼塞？

許多人有這樣的疑問：關門後如果不塞門縫，那麼煙會不會溜進來？如果要塞，該用什麼東西來塞？是要塞門縫的上面還是下面？

即使關上門，煙還是可能會從門縫微量滲入。但因為煙會先往上移動，碰到天花板或阻隔物後再向下累積，所以濃煙會先從門上方的縫隙滲入。如果要塞門縫，就得先從門的上面塞，然後依序往下。但是實際要塞的時候會發現，上方的門縫空間很小，無論是溼毛巾或抹布都很難塞得進去，所以最好選擇膠帶，把整扇門的門框都貼住。貼的時候先從門的上緣開始貼，然後是側面，最後才是下面。

問題是，難道為了塞門縫，就得在每個房間都準備一綑膠帶嗎？其實，就算手邊沒有膠帶也不用懊悔，因為塞門縫不是最關鍵的。最關鍵的是，要有「對外窗戶」。

接下來的案例可能就較令人遺憾了。

最關鍵的是要有「對外窗戶」

早上八點多，阿公的手機鈴聲急促響起，接通的另一端竟是孫女的驚恐哭喊。

「阿公快點，我快沒氣了，家裡著火了，我被困在二樓……」

砰砰砰！電話中隱約傳來拍打鐵門的聲音。二樓的鐵門窗打不開，受困的女孩正不斷拍打鐵捲門，彷彿一頭困獸奮力掙扎。

「卡緊耶，你快往頂樓跑！」阿公和爸爸一邊狂奔回家，一邊叫她趕緊逃生。這段路不長，但阿公不敢掛電話，一顆心緊繫著孫女的安危。

「我沒辦法喘氣了……」女孩的聲音漸漸微弱，電話隨即斷訊。

才短短一兩分鐘的路程，卻像一輩子那樣長。一到家，整棟屋子已經陷入火海，從屋頂到樓下全都冒著濃煙，阿公、爸爸想救也進不去。

生命的消逝，只在轉瞬之間。消防隊撲滅火勢，阿公再次進屋時，孫女已成一具焦黑屍體。女孩的求救電話，成了祖孫最後的聯繫。

❖

二〇一四年十一月某日上午，一名高中少女在一棟兩層樓透天厝的二樓睡覺，不料發生火災，她慌張地打電話向外出的阿公求救。消防隊到達現場，立即用破壞器材打開二樓陽台的鐵捲門，並進入屋內滅火，這時發現少女已經倒臥在一、二樓梯間，送醫急救後宣告不治。

這和本文一開始提到的案例幾乎是同樣場景，但為什麼一個活了，一個卻成為遺憾？據事後火災勘查發現，少女本來睡覺的二樓後側房間其實並未被火勢波及，而讓她罹難的原因有二：第一是火災發現太晚，錯過了逃生時機，卻仍打開房門逃生；第二是跑到二樓前方房間後，卻遇到陽台上整面拉下的鐵捲門，開啟不及而遭濃煙嗆死。

前面提到，塞門縫不是最關鍵，最關鍵的是要有「對外窗戶」。整面關閉的鐵捲門會讓火勢持續在屋內悶燒、不斷蓄熱，濃煙也無法排出。

適用關門避難原則的房間一定要有對外窗戶，除了可以對外呼救外，另一個重要的目的就是能將門縫流進的些許濃煙向外排出。只要打開窗戶，這些少量的濃煙就不會在房內累積，也就不會對我們造成威脅。

反之，如果沒有對外窗戶可以排放飄入房內的有毒氣體，單憑用溼毛巾或膠帶塞門縫，當濃煙持續滲入累積，生命也在倒數計時了。

【求生隨堂考解答：B】

30秒掌握生機

關門後要不要塞門縫？

專家說遇濃煙要關門，但煙若跑進來該怎麼辦？

或許應該把門縫堵住……

關門之後呢？

關門避難後仍可能有些許濃煙滲入，可塞門縫阻擋。

塞門縫要領

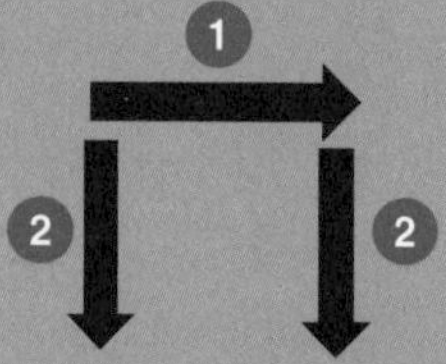

上面先，再往下

勿用太厚毛巾

用膠帶封住門縫

煙層由上往下蓄積，須用膠帶從上方依序往下封住門縫。

救命關鍵：要有對外窗戶

對外呼救

排出濃煙

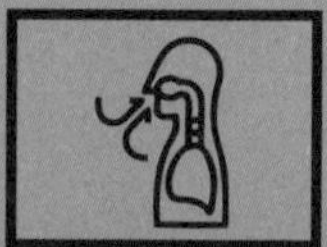

不會窒息

窗戶除可對外呼救、便於救援，也能排出滲入濃煙。

塞門縫並非必要，但一定要有對外窗戶。

第22課
逃生時低姿勢該怎麼做？

求生隨堂考

在學校時，你一定聽老師們說過：「遇到火災時切勿驚慌，應該保持鎮定，並採取低姿勢逃生。」聽起來好像很容易，就你的理解，低姿勢應該怎麼做才對？

☐ A. 跪地手掌撐地爬行。

☐ B. 如行軍般匍匐前進。

☐ C. 雙肘雙膝碰地，雙手置於頭前 。

☐ D. 彎腰快步向前跑步。

☐ E. 摀住臉部蹲姿走路。

【答案請見文末】

現場直擊

「大年初一中午，是誰家在放鞭炮？」

突如其來劈里啪啦聲響，打斷了悠閒的午餐時光。

「好像是樓上傳來的。」

「二姊不是在樓上睡覺？」

「是什麼東西燒起來了？」

大姊和來訪的同事立即衝上三樓，小妹緊跟在後。

一上樓，已經是濃煙火光瀰漫。大姊和同事奮不顧身、急忙衝進裡面，想救出二姊。兩人邊咳邊往走廊深處快步走去，一下子兩人已經隱沒在前方了。

「大姊！二姊！」小妹擔心地大叫。

煙愈來愈濃，視線也愈來愈模糊。

「大姊！二姊！」小妹不死心地再次呼喊。

但期盼的回音彷彿被濃煙吞噬一般，無聲無息，唯一可見的滾滾濃煙變成一個黑洞，好像能吞沒一切。

小妹直覺情形不對，這時母親剛踏上三樓，她立刻拉著母親衝下樓。

剛出大門，鄰居們已在門口喧嘩，好幾個人想上樓協助。「火太大了啦！到二樓就上不去了……」此時火勢濃煙已經全面席捲室內，鄰居們愛莫能助。

消防隊抵達現場後迅速控制火勢，並進入室內人命搜索，後來在三樓浴室找到昏迷仰躺的二姊，送醫不治。最後將火勢撲滅、清理火場時，在三樓二姊房間床上，發現早已氣絕身亡、多處被燒成焦黑的大姊及同事兩人。

單親母含辛茹苦帶大的三個孩子，如今只剩下她和小女兒。

❖

二〇〇九年大年初一，一間透天民宅發生火災，消防局出動四個消防分隊、十五輛各式消防車、百餘名警義消投入救災。這次火災共造成三人罹難，經調查是三樓二姊睡覺房間的隔壁房間因電暖器電線走火釀成的意外。

如果掌握正確逃生法……

進入火場搶救的消防人員回憶，這間透天厝以木板隔間，格局複雜，加上室內堆滿易燃雜物、三樓通道狹窄、屋頂又是鐵皮，火災發生後，火勢持續在屋內悶燒，因此救災時濃煙瀰漫，伸手不見五指。

勘查火場罹難原因，可分成兩部分來分析。

首先是火災時從二樓上三樓的大姊及其同事。兩人上樓後，在抵達三樓最角落二姊的房間之前，便已先經過起火的房間，此時火勢已經擴大，濃煙並開始自天花板蓄積下降。但她們急著救人，於是涉險穿越濃煙。好不容易抵達二姊的房間，卻因吸入過多濃煙不支倒地。

其次是在三樓臥房睡覺的二姊，此時已經醒來，發現火災後立刻逃出房間，但她經過樓梯時並未往下逃生，反倒跑進更遠的浴室避難，同樣也是遭到濃煙嗆昏後罹難。如果她當時往下跑，可能就有機會活下來了。

大姊及其同事本來是有絕對充裕的時間能夠逃生的，卻因為重返火場而罹難。但從二姊後來能自臥房至少移動到樓梯口來看，當時火場的情勢雖然已經非常嚴峻，若大姊及同事上樓後採取低姿勢前進，可能仍有活命的機會。

何時採取低姿勢？

我們經常聽到火場中要採低姿勢逃生，主要原因是濃煙高熱會先往上升，並從天花板蓄積後下沉，此時接近地板的部分還有一些新鮮空氣，採低姿勢就可以避開濃煙中致命的有毒氣體，避免遭到高溫侵襲。

但若一味地只強調「火場中要採低姿勢逃生」的最大問題，在於忽略了真實火場的情境與變化，難道只要發生火災就採低姿勢嗎？當然不是。那什麼時候要採取低姿勢呢？

回顧一下前面提過的避難準則：「小火快逃，濃煙關門」（參第十九課）。火勢初期要立即逃生，濃煙密布時關門避難。但採取低姿勢的時機呢？你會發現有兩個矛盾點：

一、倘若逃生通道暢通，可以盡速逃生，如此還需要採低姿勢嗎？跑都來不及了，當然不用採低姿勢。

二、倘若外頭濃煙密布，立刻關門求生，這樣在房內還需要採低姿勢嗎？關門避難本來就逃不掉，當然也不用採低姿勢了。

那麼，究竟何時該採取低姿勢？同樣地只有兩種情況：

一、發現火災時，房內外早已濃煙密布，這時候逃生很危險，關門更危險，但已經沒有其他選擇，只能採取低姿勢看看能否逃出火場。

二、所處的空間不適合關門避難三原則（參第二十課），外頭又濃煙密布，這時只能採取低姿勢離開所處的空間，到符合關門避難三原則的房間關門避難，或者以低姿勢全力爬出這棟建築。

但能不能爬出去，其實沒人能保證。當你必須採取低姿勢逃生時，表示你早已被死神扣住半條命，而這是你所剩唯一的選擇。

低姿勢怎麼做？

許多人誤以為低姿勢就是彎腰前進，或是用手掌撐地爬行，尤其很多學校在辦防災演練時更是如此教學，其實這是錯誤做法。

低姿勢究竟該怎麼做？要領就是「雙肘雙膝碰地」加上「雙手在頭前面」，就像在廟宇跪拜、五體投地的姿勢。

「雙肘雙膝碰地」是確保你的身體夠低，否則你不小心抬頭時可能就吸進了濃煙；「雙手放在頭前面」是為了借用雙手幫你探路，避免爬行時頭部撞到牆壁或地上雜物、門擋等，還可避免不小心直接滾下樓梯。

採取低姿勢逃生時，還有三個要特別注意的地方：

一、移動時要沿著牆壁走。因為火場視線極差，並且可能停電，即使在熟悉的環境中，還是有可能因為緊張而弄錯方向，沿著牆壁走能確保你找到門、找到樓梯。

二、順手關門。當從一個房間移到另一個房間時就要順手將門關上，這樣多少可以減緩濃煙的蔓延，並為自己多爭取一些求生機會。

三、下樓梯時「頭上腳下」。採取倒退姿勢往下爬，如此可避免重心不穩而跌倒。

最後請思索一個問題：採取低姿勢時，如果手邊正好有溼毛巾或大棉被，拿來遮住口鼻或披在身上會不會更安全呢？

答案是「不會」。採取低姿勢的目的就是要在殘存的新鮮空氣下全速逃生，溼毛巾與大棉被不但無法保護你的安全，還會拖慢你逃生的速度，甚至賠掉寶貴的生命。

【求生隨堂考解答：C】

30秒掌握生機

逃生時低姿勢該怎麼做？

聽說火災時要採取低姿勢逃生，所以用爬的就行了？

應該沒那麼簡單吧，但實際上的要領是什麼呢？

錯誤迷思

低姿勢逃生時，什麼都不用帶，否則會拖慢逃生速度。

動作要領

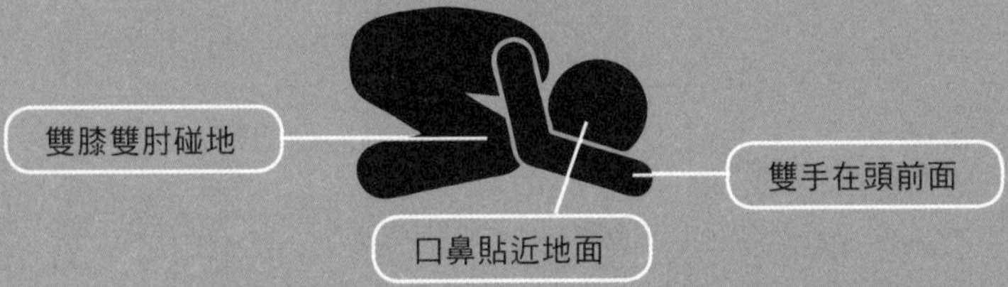

濃煙從天花板往下蓄積，低姿勢可吸取地板殘存的新鮮空氣。

注意事項

沿著牆壁找出口

出房間順手關門

下樓梯頭上腳下

身處濃煙無法關門避難時，就要採低姿勢。

第23課
逃離火場，然後咧？

求生隨堂考

沒想到碰上人生第一次火災意外，幸運的是，你逃出來了！你驚魂未定地看著消防隊員奮力滅火，激動的情緒彷彿經歷一場浩劫。好不容易逃離火場的你，忽然想起心愛的小狗還在火場裡，這時你會怎麼做？

☐ A. 立刻衝進火場救小狗。

☐ B. 請求消防人員掩護，一同進火場救小狗。

☐ C. 等火勢小一點，返回火場救小狗。

☐ D. 等火勢撲滅，返回火場救小狗。

☐ E. 告訴消防人員請求協助，自己則不重返火場。

【答案請見文末】

現場直擊

深夜，一間鐵皮屋忽然起火，內部的木板隔間讓火苗竄燒得快又急，整個屋內一下子就陷入火海。

哥哥一發現火災，趕緊跑到屋後叫醒妹妹。兩人逃到鐵皮屋門口時，妹妹忽然想起自己養的愛貓還在裡面。為了救她的寵物貓咪，決定再次返回屋內找尋。

「火很大！你不要進去！」

哥哥力勸，但妹妹執意要進去。哥哥只能先在屋外打一一九，然後回到門內大喊。但是妹妹依然堅決要找到她的貓。隨著時間過去，屋內火勢濃煙愈來愈猛烈，哥哥一度想嘗試去救妹妹，但根本無法進入，連左手都被燙傷，只好先退到一旁。

不久，消防隊抵達，立即布署水線、入室人命搶救。進到火場最後面，在臥室房間角落發現一對焦屍，正是妹妹與她緊抱著的貓。

❖

二〇一六年十二月凌晨三點多，一間鐵皮平房發生火警，消防隊到達現場時，鐵皮屋已經全面燃燒、一片火海。原先成功逃出來的妹妹，因為重返火場而罹難。

我們都體諒女孩返回火場的決定，對許多人來講，寵物貓咪就和家人一樣親密，只要有一絲機會，都願意用自己的生命賭一把，這是出於愛的本能。但這樣的本能面對火場，卻反而將自己的性命推入萬丈深淵。

不可為任何理由重返火場

其實，重返火場造成的悲劇不勝枚舉，國內外都經常發生。

二〇一五年三月，香港一棟大廈十二樓發生火警，兒子本來已經脫險了，攜妻女逃生後卻得悉母親未及時逃出，他為了拯救老母親重返火場，結果兩人被抬出時已經全身焦黑，送醫後雙雙不治。

二〇一七年一月，新北市一間家庭工廠火災，廠長原本已經逃出火場，卻誤以為妻子受困未逃出，於是返回火場救援，不幸葬身火窟，但其實妻子早已自行逃出。

二〇一七年十二月，桃園一家隔熱防爆膜工廠發生大火，造成六名外籍移工罹難，其中一位死者原本已經逃出火場，為了去救同鄉又重返火場。

二〇一八年一月，美國一間三層樓民宅火災，造成四人喪生，其中一名男性本來已經成功逃離火場了，也是因為想折返火場救人而罹難。

火場瞬息萬變，十秒之差就可能天人永隔。我們務必記得以下三件事：

首先，生命是最重要的，不要為了穿衣服、搬離貴重財物而浪費寶貴的逃生時間。中國廣州便曾發生一場火災，事後清理現場，發現五名遇難者手中都抓著存摺或黃金首飾。

其次，不可為任何理由重返火場，無論是為了搶救財物或搶救受困人員，在裝備不足的情形下，貿然進入火場救人相當危險，很有可能人沒救成，反而讓自己受困火場。

第三，如果有人被困，應該及時將受困人數和正確位置告知消防人員。由於消防人員擁有專業救災裝備及訓練，會評估救援的安全性及可能性，以最大機會救出受困者。

那麼，寵物遇到災害時該怎麼辦？以消防隊的救災原則而言，火警事件拯救生命還是以人命為優先，經評估危險程度較低之後，才會幫忙救寵物。

我們每一個人平時就要思考災害可能的情境，以便能在災害發生時冷靜評估自身安全與搶救寵物的成功機率，而不會憑著愛與衝動錯判形勢。若能做到這個程度，或許就可避免本文案例中女孩與愛貓雙雙葬身火窟的悲劇。

火災的情勢演變，連專業的消防人員都說不準。面對火場，愛與衝動要建立在理性的基礎上，才不會賠了夫人又折兵。

【求生隨堂考解答：E】

30秒掌握生機

逃離火場，然後咧？

怎麼辦？我的愛犬還在火場裡，我得進去救牠！

不行，太危險了！先通報消防員請求幫忙。

火勢迅速成長擴大

火場瞬息萬變，成功逃生不代表能「再次」成功逃生。

錯誤做法：返回火場搶救……

絕不可以為了任何理由、物品或財產重返火場。

正確做法

向消防隊員表達需求

由消防隊專業判斷

火場無情，不可以為任何理由重返火場。

PART 3

防災五大策略

面對火災發生的偶然，
如果沒有在第一時間發現，
就會大大降低存活機率。
因此做好事前準備，
遇到火災時就能增加逃生應變的時間，
提升存活率。

第24課
策略一：不會燒
——如何讓火沒法燒？

安全小提醒

夏天到了，拿出半年沒用的電扇。將插頭插上插座時，啪搭一聲，擦出了小小的火花，按下開關，扇葉又發出轉動不順的喀喀聲……小心了，這可能是電器火災的前兆！請跟著下列選項，檢視自己是否有錯誤的電器使用習慣。

☐ A. 插座久未清理，而且插頭積滿灰塵。

☐ B. 使用除溼機時，機器上方懸掛衣物順便晾乾。

☐ C. 延長線壓在辦公桌、家具、電視機或地毯下。

☐ D. 家裡常跳電，所以擅自加大保險絲規格。

☐ E. 管他有沒有安全標章，只買便宜的電器產品。

現場直擊

「三樓燒起來了！」倉皇逃出的鄰居失聲尖叫。

只見三樓陽台冒出陣陣火光，愈燒愈旺，還延燒到對面二樓的曬衣間。消防隊第一時間立即布線搶救，並進行人命搜救。

對面住戶聽到鄰居的慘叫，幾個人一起幫忙灌救，提水桶、拿滅火器隔著陽台拚命朝火場噴灑，但就是無法撲滅火勢。

消防人員破門而入時，驚見屋主抱著剛念小學的兒子，兩人全身燒焦、臉朝門邊倒臥在房內。屋主的父親倒在陽台門口，也燒成焦屍，而屋主的母親則被他護在身後的陽台洗手檯旁，全身燒燙傷嚴重，意識模糊。小男童全身焦黑、手腳僵硬，但消防隊員仍不放棄，一邊拚命急救，一邊飛快地把人送往醫院。

◆

這天是二〇一八年父親節，一間三層樓民宅於凌晨三點多發生火警意外。警消火速到場，四十分鐘內撲滅火勢，但屋主一家四口依舊回天乏術。從沙發旁發現的電扇殘骸研判，疑似電線走火釀成的災害。一把暗夜惡火，就這樣奪走了一家人的性命。

為什麼會發生電氣火災？

事實上，就在上述事件發生後不久，另一棟五層樓建築物同樣疑似因神明廳電線走火而引發火災。起火點在二樓，迅速向上延燒。經過一個多小時搶救，消防人員在三樓廁所發現一對母子，都已經沒有呼吸心跳。

這兩起住宅火警一共奪走了六條人命，都是因電器用品造成。根據統計，電氣火災約占案件總數的百分之三十，也是位居首位的火災原因（第二、三名分別是菸蒂引燃與煮食不慎）。而當我們享受火與電帶來生活的便利性之餘，是否也忽略了潛在的風險呢？

之所以發生電氣火災，很多時候與我們使用電器的習慣及衍生的用電問題有關，像是未按規定使用、使用時間過長、通風散熱不良、接觸不良、積汙導電、過負載等，進而導致短路、過熱、半斷線、漏電、靜電等現象。

而哪些居家電器最容易產生這類問題呢？以下是電氣火災的五大「慣犯」。

一、延長線

延長線是居家電氣火災的首要禍端。許多人習慣把多餘的電線纏綁，導致通風散熱不良；或為了室內空間整齊美觀，用U型釘固定線路，或壓在辦公桌、家具、電視機、地毯下，甚至任由椅子滾輪來回輾壓拉扯，這些都可能造成電線破損，引發短路走火。

另外，礙於固定式插座不足，便以延長線長時間供電給大量電熱器具，或是以延長線延伸延長線的方式，同樣非常容易造成過負載，引發火災。

二、夏天消暑電器，如電風扇、冷氣機

電風扇是最容易因故障起火的家電產品，因價格較低且品質差異大，所以很少有人注意到它的保養問題。

一般來說，電扇使用三至五年後，有些馬達就會開始出現異常，當扇葉轉動不順並發出喀喀聲響時，表示軸承缺油或積卡塵埃，此時如果勉強運轉，就會造成馬達及線圈過熱而起火。此外，有些劣質的電扇外殼是以易燃的塑膠作為材料，一旦馬達故障起火，塑膠外殼反而助長火勢，擴大延燒。

而冷氣機起火最常發生的原因是插頭部分發生積汙導電，以及空氣過濾網長期沒清洗，以致汙泥、塵埃等雜物阻礙散熱。

三、冬天保暖電器，如電暖器、除溼機

電暖器起火最常發生於臥室內，通常是因為與家具、窗簾、床鋪或衣服距離太近而引發火災。電暖器因屬於電熱器具，耗電功率大，若和其他電器共用延長線或插座，也很容易因電流過負載而引起火災。

台灣氣候十分潮溼，很多家庭都會使用除溼機，並在除溼機上方懸掛衣物順便晾乾，如果衣物不慎掉落，就會阻擋進出氣循環，造成機器內部溫度升高而起火。

四、室內配電線路與保險絲

台灣有百分之五十五的屋齡超過二十年，老舊房屋的電線常有脆化、外皮老化問題，甚至被老鼠或昆蟲啃咬破損，再加上線路都因包藏於室內裝潢中不易檢測，因此幾乎都未汰舊換新，很容易造成短路。

另外，如果家裡經常發生跳電現象，但未經全面線路檢測就擅自加大保險絲規格，而沒有加大電線線徑，如此一來很容易造成過負載而釀災。

五、神明燈

每天拿香拜拜的地方，其實是最容易被忽略的場所。供桌神明燈所使用的電源線多半是規格較細、未經檢驗合格的產品，因此神明燈需長時間使用時，應經常檢視配線有無破損，並經常清理插頭及插座間的塵埃，防止短路或積汙導電事故發生。另外，燈泡閃爍也是不得輕忽的警訊。

打造「不會燒」的居家環境

聊到火災，一般人總喜歡討論在各種無論是真實的或想像的火災情境下，如何利用技巧成功逃生。許多人似乎以為，學會「火場求生術」就像練了絕世武功，能夠打遍天下無敵手，優游進出火場，如入無人之境。

其實，在火災的整體防範策略上，「火場應變」或「火場逃生」是最逼不得已的，代表你與死神終將一戰。

那什麼是最高招呢？就是從源頭、從一開始就不讓自己有陷入險境的可能，方法就是做好火災預防的工作，而第一步也是最重要的策略，即「根本不讓火苗有機會燒起來」。

當火苗連出現的機會都沒有時，自然就不會發生火災。而攸關日常生活的居家用電安全，可透過「五不」防火口訣加強檢視用電習慣。

一、用電「不」超載

冷暖氣機、烘乾機、電冰箱、電鍋、微波爐、電磁爐、除溼機、烘乾機等高耗電量的電器設備，應避免使用同一組插座或延長線，以免因負荷過大造成電線或插座發熱，產生危險。若真的得要連接多孔插座，應使用具有保險絲安全裝置或過負荷保護裝置的產品。

住家重新裝潢時，一定要依實際生活的用電狀況重新配置總用電量、迴路、插座等，並檢測所有電線，必要時進行更換。更換線路時，最好找有合格室內配線工程或電機工程專業證照的技術士來安裝。

二、電線「不」折損

拉扯、擠壓電線或把電線壓在重物、地毯下面，會使內部電線斷裂及外覆絕緣層損傷。此外，捆綁或纏繞電線也會導致電線溫度過高。因此，為了維護電線壽命及安全，切記要保持自然垂放的狀態，不要彎折與重壓。

三、插頭不用「不」插上

若沒有定期清理插頭灰塵，長時間累積下來，很可能會因積汙而導電。因此，建議除了需二十四小時使用的家電（如電冰箱）之外，其他電器（尤其是電熱設備）不使用時都應將主電源關閉或將插頭拔掉。

拔下延長線插頭時，如果僅拉電線，很容易造成電線內部的銅線斷裂，正確做法應是手握插頭取下。

四、沒有安全標章產品「不」購買

購買電器設備時，除了考量價格、功能、外觀外，還該應注意有無安全標章，如此電器安全性才有保障。

五、平時檢測「不」輕忽

除了落實前面四個「不」，平時還需要特別注意電燈是否變暗或閃爍，如有這個現象，表示電線可能過載或鬆脫；插、拔插頭時如果出現火花現象，代表插座的接點可能鬆脫了；電線有不正常發熱的狀況，顯示電線可能有缺陷或者使用的電線太細；使用中的延長線有發燙或異味產生時，這代表過載負荷，應該立即停止使用高電量電器。以上這些現象都是電氣火災的重要前兆，必須小心謹慎為妙。

火災的源頭是火，所以第一個策略就是管控所有可能產生火苗的因子，讓火苗根本沒機會產生，自然就「不會燒」。但萬事都有意外，如果火苗還是燃起了該怎麼辦？顯然只有第一個策略是不夠的，還需要進行第二道防護，也就是下一篇要談的「燒不大」。

30秒掌握生機

策略一：不會燒

家裡的插座實在不夠用，好在有延長線！

千萬不要超載使用，很容易引發火災的。

電氣火災五大慣犯

電氣因素占火災發生約三成，居火災原因首位。

電氣火災防範五不

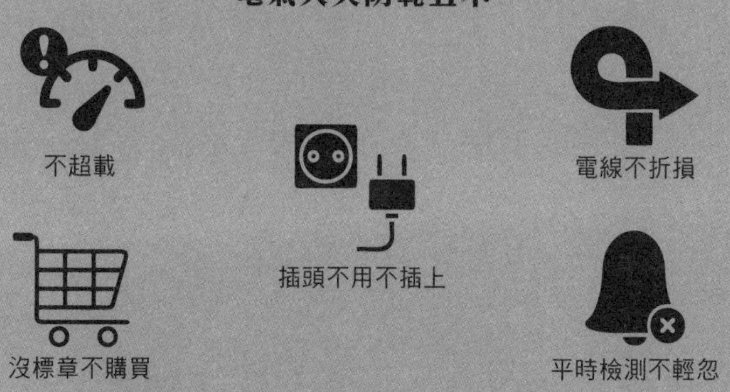

電氣火災的發生，與電器使用習慣相關。

注意用火用電，讓火苗根本沒機會產生。

第25課

策略二：燒不大
——如何杜絕小火變大火？

安全小提醒

每個人家中的擺設、裝潢都是自由揮灑的空間，但一不小心就可能幫火災提供了充足的燃料。檢視一下，你家裡是不是也有以下情形：

☐ A. 走道上有堆積雜物。

☐ B. 地毯沒有防焰標章。

☐ C. 窗簾沒有防焰標章。

☐ D. 天花板非耐燃材質。

☐ E. 隔間材非耐燃材質。

現場直擊

凌晨三點，突然被劈里啪啦的聲響驚醒，接著聞到了燒焦味，住在二樓的住戶嚇得彈起身體，叫醒全家趕緊逃生，並馬上打電話報警。

消防人員抵達現場時，三、四樓已經陷入火海，大量濃煙往上竄爬，像隻舞動的憤怒黑色手套，恨不得把這屋子捏成灰燼。

巷弄十分狹小，使得消防車進出更困難。消防人員緊急拉長水線布置灌救，同時組成搜救小組進入室內人命搶救，並緊急疏散各樓層住戶。所幸一、二樓及隔壁棟住戶都及時疏散，無人受困傷亡。消防人員繼續往三、四樓搜索救援，但三樓起每層樓的樓梯口都裝設了鐵門，必須利用破壞器才能打開。在破壞三樓到四樓中間的鐵門時，消防人員已經感受到四樓席捲而下的熱度，當下覺得不妙，因為沒有人能在那種熱度存活！

火勢控制後，消防人員立即衝上四樓，只見四具焦屍隱沒在一片焦黑中，兩大兩小，依稀能夠辨認出一位成人趴躺在陽台鐵窗邊。

❖

二〇一七年十月某日凌晨三點，一棟老舊公寓半夜起火，住在四樓的一家人逃生不及，全數罹難。生還的鄰居顫顫地回憶，消防車抵達前，一直聽到四樓不斷傳出淒厲呼救聲，但火勢實在太猛烈，後來聲音就消失了。

易燃裝潢與雜物堆積阻斷逃生機會

這間四層樓、頂樓加蓋的老舊公寓，三樓以上都屬於罹難屋主所有，三樓是客廳，五樓是倉庫，一家四口全部住在四樓臥室。起火處是三樓客廳，火災原因是電線走火。火勢燃燒得非常快速，比一般住宅火災還要快。當消防人員抵達現場時，三、四樓已經陷入火海，全面燃燒。燃燒如此快速的主因在於，從三樓以上到頂樓加蓋的內部隔間、天花板等，都是使用易燃木質材料裝潢，加上屋內堆放了大量雜物，導致火勢快速延燒，大大壓縮了屋主一家可安全逃生避難的時間。

易燃木質材料裝潢以及現場堆放大量可燃物，正是造成這起事件傷亡的罪魁禍首。

不讓小火苗變大火災

請想像一下，火苗是怎樣變成火災的？

我們都知道，燃燒三要素是熱（火）、助燃物（空氣中的氧氣）及可燃物，當火苗從某處起燃後，接著開始往四面八方延燒，而這個「四面八方」指的就是「可燃物」。

可燃物？這不是小學生都懂的常識嗎，背後到底有什麼學問？其實，最簡單的概念往往最容易被忽略。「可燃物」的掌握就是接下來要談的第二個策略：燒不大。

舉個例子，面對森林火災，消防隊會怎麼處理？

首先，他們會布設水線滅火，或用砂土、特殊化學粉劑覆蓋於燃燒物體上以隔絕空氣，達到滅火效果。但這樣做是不夠的，森林火災不像建築物火災只有幾十、幾百平方公尺的規模，只靠「滅火」絕對跟不上火勢蔓延的速度。因此，更關鍵的第二個方法是「開闢防火線」。也就是把火可能蔓延但還沒燒到的區域開闢一條線，將這條線上的林木全數清除。如此一來，當火勢真的燒到防火線，就會因為沒有林木可延燒而熄滅。

其實住家和森林的概念是一樣的，關鍵在於裡頭的可燃物有多少，以及分布擺放在哪裡。所以你就能夠理解，為什麼同樣的起火原因，有的地方一燒起來不得了，有的地方燒起來的火苗一點點，有的地方則好像還沒燒起來就熄滅了。

在談預防策略時，我們首先強調「不會燒」，也就是做好火源管理、謹慎使用火源、培養良好用火用電習慣，無論是電器用品、菸蒂、烹煮食物等，要讓火苗出現的機會降到最低。但凡是總有意外，若真的意外起火，該如何不讓小小的火苗變成「火災」？

原則上，只要讓起火處周邊沒有足夠可燃物就行了。就算火苗真的起燃，因為沒東西可燒，火勢就不容易擴大，甚至會自行熄滅。這就是第二道防線的目的：燒不大。達成這個目標有兩個方法，一是避免堆放大量可燃雜物，二是室內裝修使用防火材料。

方法一：避免堆放大量可燃雜物

首先自我檢視一下，你有沒有堆積雜物的癖好？

有些人家裡平時總愛堆積雜物，整個櫥櫃都放滿了，甚至放到走道上，有紙箱、衣物，甚至還有油漆桶、松香水、資源回收垃圾、廢紙堆等。經過時還得小心穿越，有時要踩著物品才能通過，更誇張地甚至有人直接躺、坐在上頭，因為真的沒有多餘空間了。

你一定也看過家中堆滿雜物、甚至堆到樓梯等公共空間的人，也有許多長輩捨不得丟東西，雜物堆得滿屋子都是，當東西愈積愈多，居住場所就會變得凌亂不堪，原本的床鋪、沙發都被堆積如山的東西遮蓋住，以致無法正常起居。

當雜物過多，就提供了大量的可燃物，只要火苗一起，火勢一發不可收拾。溫度很快就升高，濃煙快速蓄積，很快地，整個屋內、牆面、天花板、地板都將是一片火海。

因此，我們應當避免在室內堆積不必要的雜物，近幾年很流行的「斷捨離」不失為一個很好的概念。當雜物少了，火苗起燃時，由於周遭沒有可以讓它延燒的東西，便大大降低火災發生的速度，增加逃生應變的空間與時間。

然而，是否只要減少家中雜物、保持走道暢通，就達成「燒不大」的策略目標？更進一步的做法其實是室內裝修要使用防火材料。

方法二：室內裝修使用防火材料

根據《建築物室內裝修管理辦法》，一定規模以上的集合住宅及公共場所，如大型購物中心、商業百貨大樓、國際飯店等，都必須使用防火材料進行室內設計裝修。雖然法律並未強制規範透天住宅要比照辦理，但居家布置也應該兼顧美觀與安全。易燃的室內裝修材料除了是火勢擴大延燒的主要媒介，產生的濃煙也是造成人命傷亡的重要原因之一。

所謂防火材料，包括「防焰材料」與「耐燃材料」兩部分。

「防焰」並不是說不會著火，而是比其他一般物品更難被「引燃」。防焰材料是初期起火的第一道防線，因為火苗一開始的溫度較低，而防焰物品的燃點比其他物品來得高。因此火災初期儘管有火苗也不易點燃，自然不會蔓延擴大，甚至只要移開火源就能自行熄滅，就算燃燒也不易產生大量濃煙及有毒氣體。防焰技術通常應用在窗簾、地毯、舞台或攝影棚的布幕、廣告看板等。

「耐燃」的目的是為了減緩火災成長的速度。當火勢逐漸升溫並擴大，形成火災初期時，耐燃材料儘管受到高溫卻不易著火延燒，有隔熱、斷熱等作用，且其濃煙及有毒氣體的生成量都很低。這類材料通常應用在天花板、牆壁及其他室內表面建材。

若未使用防火材料，一旦發生火災，窗簾、地毯遇到火源就會快速點燃，火勢將瞬間變大，並迅速延伸到天花板。只要天花板一著火，就會產生輻射熱回饋現象，使地板溫度提高，室內很快就變成火海。

簡而言之，使用防火材料的目的就是透過經防焰處理的材料減緩延燒速度，採用耐燃材料讓內裝盡量不燃化，藉以放慢延燒速度或讓火源自行熄滅，延長逃生的時間。

做好兩策略，火災發生率已降低

在尋求時尚環境與漂亮家居的同時，防火安全才是構築幸福空間的保障。透過預防及整備，在火苗初期便把可以延燒擴大的因子拿掉，那麼這個火災延燒反應的鍊條就會早早斷裂，避免成災。

其實，當我們做好策略一的「不會燒」，強化火源管理及用火用電安全，避免任何火苗失控，也做好策略二的「燒不大」，清除多餘雜物，使用防焰或耐燃的室內裝修材料，不讓火苗有機會擴大延燒成災，基本上到這個階段，火災發生的機率已經降到極低了。

但料敵總須從寬，假設運氣偏偏糟了點，可能某天烹煮食物後忘了關爐火，或者客人來家裡作客後菸蒂沒處理好，火苗還是擴大延燒變成了火災，這時該怎麼辦？下一篇就來談談第三個策略：早知道。

30秒掌握生機

策略二：燒不大

終於買了人生第一間房子，裝潢材料該怎麼選？

要避免使用容易引燃的材質，居住才能安心。

核心概念

就算火苗燃起也不易擴大蔓延，甚至會自行熄滅。

常見錯誤

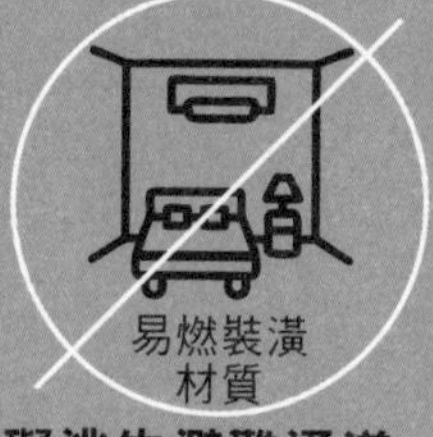

一旦火災，火勢會快速延燒，阻礙逃生避難通道。

正確做法

避免堆積雜物

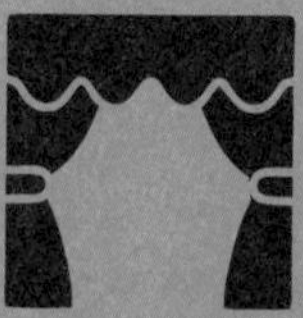

使用防焰材料

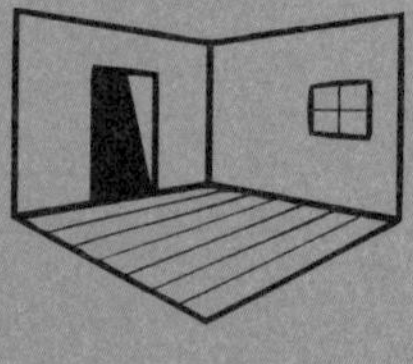

使用耐燃材料

阻絕可燃物，讓火勢難以延燒與擴大。

第26課
策略三：早知道
——如何及早發現火災？

安全小提醒

發生火災時，若沒能在第一時間掌握並應變，最後的結果可能是一場悲劇。而「住警器」就是讓我們提早知道火災發生的必要消防設備。下面是裝設住警器的注意事項，看看自己有沒有做到？

☐ A. 選購貼有合格標籤的住警器。

☐ B. 安裝完成後註記安裝日期。

☐ C. 每個月定期測試。

☐ D. 留意是否電力不足並更換電池。

☐ E. 安裝在每個房間、樓梯間和走道。

現場直擊

一整個臉盆的水從婦人頭上嘩啦啦淋下。

她剛被從火場救出，呆坐在隔壁鄰居騎樓前的地板上，全身皮膚將近百分之五十的二、三度燒燙傷，消防人員趕緊將她送醫急救。

躺在擔架上的她聲嘶力竭地喊著：「裡面……還有……三個！」

消防人員撲滅火勢後，在二樓的房間裡發現已燒成焦屍的屋主及一隻狗，另一個房間的小兒子及其女友也都沒有生命徵象。

❖

二〇一八年二月某日凌晨，一棟有四十年歷史的透天民宅發生火警，消防局獲報後於七分鐘內抵達搜救，現場濃煙密布。這棟民宅的一樓有神明廳、客廳及廚房，二樓有三間房間。起火原因是一樓的飲水機電線老舊起火，因屋內堆放不少書籍等雜物助長火勢，由一樓往上快速延燒。

火災發生時，屋主太太先衝向一樓及時逃出，屋主則因太晚發現火災而逃生不及。至於另一個房間的小兒子及其女友，兩人被發現時已經死亡，從他們的肢體判斷，火災發生時根本沒有任何逃生避難的動作。

面對火災，你的應變行動將決定結果

你一定很疑惑，屋主小兒子及其女友怎麼可能沒有逃生動作？事實上，火災罹難者很有可能不知道自己是因火災而身亡的。消防人員推測，屋主兒子及女友可能在發現火災之前，就已經先被濃煙嗆昏了。

火災和其他的災害很不一樣，許多災害是在事發當下就造成傷害，但火災不同，從小小的火苗開始那一刻，火災的各種情境（溫度、燃燒區域、火勢、濃煙……）會隨著時間而逐漸擴大延伸，在沒有任何外力阻撓下，它會吞噬一切，直到沒有東西可以再被吞噬，這就是火的「生命歷程」。

我們把「人」的因素放進來，火在失去控制、變成火災的那一刻，究竟會造成多少的傷亡都還是未知數，但求生競賽已然鳴槍起跑。隨著時間推展，火場逐漸不利於人們生存，可以做的選擇也愈來愈少。因此，面對火災時，我們的應變行動將會決定自己最後能否活下來。

從人面對火災的行為來看，可以簡單分成四個階段：火災發生→發現火災→應變行動→活著或罹難。

火災發生後，人們並不會立即發現，可能要經過一段時間，有的罹難者甚至永遠都沒發現到。發現火災後，就會開始採取各種應變行動，最後只有兩個結果：活著或罹難。

因此，若從人的行為來看，決定存亡結果的只有兩件事，即「發現火災的早晚」與「應變行動的抉擇」；同理，造成火場罹難的原因也只有兩個：「太晚發現火災」與「錯誤應變行動」。

什麼是「太晚發現火災」？當火苗初起的第一時間你並不知道，當時可能在睡夢中、專注在講電話，或是把自己關在其他房間看電視、上網、玩遊戲等。等到火勢擴大延燒、濃煙密布才驚覺，但這時候已經滅火無效、逃生無門、避難無處，採取任何應變都已經來不及了。許多人總覺得，發生火災就要趕緊應變，但殘酷的事實是，如果太晚才發現失火，任何應變行為（無論是滅火或逃生）都只是在做垂死掙扎。

住警器讓「早知道」不再千金難買

還記得「發現火災的第一件事」是什麼嗎？就是大叫三聲「失火了」，提醒身邊的人知道發生火災，趕緊應變。

但縱使知道第一時間「示警」的重要性，我們依然面臨兩個問題：

一、人在白天的警覺性及行動力雖然較高，但如果起火處不是發生在身邊，而是在家裡其他樓層或房間，還是可能拖慢發現火災的時間。

二、晚上全家人都在睡夢中，警覺性及行動力降到最低，沒有人當第一個吹哨者，難道要請保全每幾分鐘在屋裡巡視一遍，或是家人輪流排班巡邏嗎？

根據內政部消防署統計，獨立住宅是火災發生次數第一名，約占四成多；集合住宅火災第二名，占不到兩成。火場的罹難者有超過百分之九十死於五層樓以下的建築物，也就是透天厝、鐵皮屋及磚造平房等。依照消防法令規定，六層樓以上及一定規模的建築物須依法裝設消防安全設備，不僅可以防護建築物，也能提早偵測火災的煙與熱，並發出警告，提醒人們快點逃生。而一般五層樓以下的住宅並沒有受到法令強制要求，因此當半夜惡火悄悄燃起，透天住宅內安詳沉睡的人們根本毫無防備。

對每戶住宅來說，最重要的消防設備就是「住宅用火災警報器」，簡稱「住警器」。它是帶動一切防災應變的火車頭，唯有「早知道」火災發生，接續的應變行動才有意義。

舉個類似的例子，古代周朝為了防範蠻族入侵，在國境邊界處修建了許多烽火台。守台的士兵一發現有敵人入侵，就會在烽火台上點起狼煙，通報各分封諸侯率兵抗敵。而住警器就像烽火台，發現敵軍（火災）後啟動機制（警報），呼叫援軍（人們）。

住警器讓「早知道」不再千金難買。

裝設住警器的注意事項

住警器必須安裝在天花板或牆壁上，不需要複雜配線，只要裝上電池就可使用。它分成「偵煙式」和「定溫室」兩種，分別能夠偵測到火災的「煙」或「熱」，然後發出超過七十分貝的極大警報聲響，在火災早期提醒正在熟睡或不知道火災發生的民眾採取應變措施，減少人命傷亡。

自行選購住警器時，要注意是否貼有內政部消防署個別認可合格的銀色圓形標籤，否則可能是不合格的產品，也會增加使用上的風險。至於家中要裝幾個呢？基本上，房子的每一層樓、每一個房間都應該裝設，這樣才能建構完整的防護網。

首先是臥房，這是我們休息睡覺的地方，也是警覺性最低的場所；許多火災傷亡者就是因為睡前沒有正確熄滅香菸或忘了關閉高功率電器用品，結果導致火災。再來是廚房，這是大量用火的場所，由於平時就有炒菜的油煙，會產生較大量的煙粒子，為了避免誤報，住警器應該選用「定溫式」的。最後是樓梯及走廊，這裡是煙流及火流最主要的行進路徑。

住警器的選用或安裝不當很容易引發誤報，看似事小，但久了就會變成「狼來了」，讓人失去對住警器的信任。當它再次發出警報聲響時，你會直覺認為又是誤報，甚至直接將它拆下，那就完全失去火災警戒的目的了。

然而，儘管已安裝好住警器，還需要注意下列幾點：首先，安裝時須註明當天日期，若使用超過十年建議要更換；其次，每個月都要定期測試，按下「測試鈕」，如果會發出警報聲，代表功能正常；最後，若住警器發出間斷式短聲響，就表示電力不足，應立即更換電池。

火場倖存者最常說的一句話是：「我從來沒想過我們家會發生這種事！」面對火災發生的偶然，如果我們沒有在第一時間發現，就會大大降低存活的機率。因此，家家戶戶裝設住警器，發生火災時便能增加逃生應變的時間餘裕，提升家人的存活率。

30秒掌握生機

策略三：早知道

火災實在很可怕，如何能提早發現火災呢？

安裝偵測煙熱的住警器就可以提早應變了。

核心概念

唯有第一時間發現火災，才能爭取更寬裕的應變時間。

正確做法

安裝住宅用火災警報器

每個房間、樓梯間及走道都要裝設，才能建構完整防護網。

住警器功能

偵測濃煙高熱

發出警報聲響

通知人們應變

安裝住警器，及早發現火災，及早應變。

第27課

策略四：跑得掉
——如何順利逃出火場？

安全小提醒

學會了「不會燒」、「燒不大」、「早知道」等防災策略，一旦遇到火警，最重要就是要能「跑得掉」，而我們若想安全且順利逃生，平時就得做好準備。請和家人一起完成下列事項。

☐ A. 畫出家中平面圖。

☐ B. 確認兩個不同方向的逃生出口。

☐ C. 確認室外集合點。

☐ D. 模擬各種火災情境。

☐ E. 實際進行逃生演練。

現場直擊

消防人員背著沉重的裝備步出火場，神色黯然，原本還抱著一線希望的她瞬間崩潰。

半夜兩點多，她在三樓臥房準備就寢，突然聽見宛如玻璃破碎的聲音。她急忙起床，打開房門下樓查看，發現二樓客廳起火，濃煙四起。她急忙回到三樓臥房，一邊叫醒睡在身邊的六歲兒子與七歲女兒，一邊跑進房內浴室放水弄溼毛巾和棉被，打算讓孩子用來摀住口鼻逃生，此時大兒子仍在四樓睡覺。

但當她準備從浴室返回臥室救孩子時，火舌已竄到三樓，因房門未關，濃煙高溫迅速瀰漫房間，雖只有幾公尺的距離，已沒辦法回臥室搶救子女。她只好勉強從浴室的窗戶爬到戶外，再爬到隔壁陽台求救。可是為時已晚，消防隊進入救援時，三個孩子都已喪生。

這場火把一棟嶄新的建築物從二樓到五樓牆壁燒成一片黑，鋁門窗框被燒得變形，玻璃因高溫而爆裂，碎片散落滿地。

一夕之間天人永隔，逃出火場卻獨活的她悲慟欲絕，癱趴在地不斷哭喊……

❖

二〇〇九年十一月某日凌晨兩點多，一處透天住宅發生火警。消防局接獲報案後於三十分鐘內撲滅火勢，在三樓臥房發現二女兒及小兒子倒臥床上、全身燒焦，大兒子則陳屍在四樓房間床鋪與窗台間的地板上。

這場火災的起火點在二樓客廳，起火原因是電線走火。當時的狀況是，媽媽發現火災後未第一時間叫醒所有人，在四樓熟睡的大兒子並不知道發生火災。接著她返回房間沒有關門，以致火勢從二樓迅速往上延燒，並侵入臥室，當時如果有隨手關門，便能阻隔一定程度的濃煙高熱。由於子女持續暴露在濃煙中，最後窒息而死。

而媽媽當時雖然被困在臥房的浴室，此時臥房已濃煙密布，她在千鈞一髮之際從勉強足夠人身通過的浴室窗戶攀爬到隔壁陽台求救，因而倖存。

因應場景訂定具體逃生計畫

我們先來模擬一個情境。

「嗶嗶嗶！」「嗶嗶嗶！」一陣刺耳的警報聲劃破深夜，你突然驚醒，隱約聞到了焦味，但除了嗶嗶聲不斷，家中仍一片寂靜。是住警器響了，表示家裡可能發生火災！叫不停的嗶嗶聲就像倒數計時的炸彈，似乎每響一聲，存活機會就少了幾個百分比。

警報聲是從樓上還是樓下傳來的？房間、廚房還是客廳？家人都在哪裡？他們知道發生火災嗎？如果馬上大叫失火了，確認全家人都醒來後要做什麼？

首先，每個人的年齡、行動力及火災發生當下的所在位置都有所不同，若家中有年幼孩童、肢體障礙的親人、年長行動不便或臥病在床的長輩，縱使第一時間知道火災、學過火場避難求生要領，仍會因為行動能力較弱而無法自行逃離火場。

再者，每個場所的空間配置都不同，窗戶、陽台、出口位置、滅火器、緩降機等避難逃生器具的裝設地點等也不一樣，這些因素都會影響逃生策略與應變方式。

那麼什麼叫更具體的做法？就是「訂計畫」。

啥？火災不就是意外，還要計畫嗎？我們怎麼知道哪邊會燒起來？火災來的時候我跑都來不及了，還要翻閱「計畫書」，不會緩不濟急嗎？火場變數那麼大，計畫根本趕不上變化，到頭來計畫到底能發揮什麼作用？

前面提到了「不會燒」、「燒不大」、「早知道」這三個策略，這裡要談的「計畫」可以說是居家「最全面」的防火避難準備事項。

及早發現火災後，就是進行各種應變、逃生、避難行動。那麼事先可以做好哪些準備，以利火災時「跑得掉」？我們一再提到，從人的行為來看，火災造成傷亡的原因是「太晚發現火災」和「初期應變錯誤」，發現太晚已經靠住警器克服了，那麼初期應變錯誤呢？

雖然前面破解了許多火場求生的迷思與誤解，也學會了避難求生的各種大原則，但每天生活、休息的家這樣的場景中，則要有更具體的做法，那就是製作「家庭逃生計畫」。

家庭逃生計畫製作步驟

家庭逃生計畫該怎麼製作呢？建議全家人一起當做「密室逃脫遊戲」來討論。

步驟一：畫出家中平面圖

包括大門（往室外）、各個房間（含用途）、房門、窗戶、陽台、逃生梯、隔間材質……等等，每層樓各畫一張。為什麼連隔間材質都要標註？因為這有助於了解家中每個房間是否適合關門避難。

步驟二：確認「兩個不同方向的逃生出口」及「室外集合地點」

「出口」指的是可以進出並離開建築物的門，「不同方向」則最好是相反方向。選定「兩個」的目的是萬一主要出入口無法逃生，可以經由其他方向的門窗逃到室外。

但其實許多建築物（包括大樓、公寓、透天）的一戶通常只有一個門（一個逃生出口），因此大小足以讓人進出的窗戶、落地窗勉強可以算是「出口」。由於沒有可以通到室外地面的樓梯，就需要增設避難器具。

室外安全集合地點要由全家共同決定，並確認每個人都知道在那裡，否則會不知道家人是否都安全逃生，甚至發生在火場互相等待或想再返回火場尋找家人的狀況。合適的室外安全集合地點應選在住家附近且相對安全、不妨礙救災、燈光明亮的地方。

步驟三：模擬各種情境，檢視逃生路線

根據近年的火災統計資料，居家最容易發生火災的地點分別是客廳、臥室及廚房，因此要模擬當家中不同房間起火時，各房間的人應該如何應變及選擇逃生路線。在這個步驟中，需要特別注意各類房間的燃燒特性，以及比對家中的實際情況，例如：

客廳起火：一般客廳會連著玄關至唯一大門（出口），如果火勢擴大，可能阻礙通往大門逃生的路徑，這時就要改變策略，進行關門避難或往反方向逃生。

臥室起火：通常臥房內的可燃物較多，建議立刻逃生，並關上臥房門，以局限火勢。

廚房起火：通常為油類火災，初期可能局限在瓦斯爐台，也可能是高功率電器用品電線走火。有些廚房是開放空間，火勢擴大時就可能迅速蔓延到走道。

走道起火：若未擺設雜物，起火的機率較低。走道一起火便可能阻斷多個房間的逃生路徑，因此可嘗試以滅火器壓制火勢的方式強行通過，或往反方向逃生。

門外（別戶）起火：原則上採取「關門避難」，並可躲到戶外陽台避難。

補足設備並調整配置

畫完逃生路線後，請思考幾個問題：你是否已充分掌握家中哪裡最可能發生火警？哪裡發生火災最危險？哪裡發生火災最不容易被發現？這一連串思考可能會讓你嚇出一身冷汗！顯然光是製作家庭逃生計畫還不夠，更重要的是：把缺口補上。

一、家中還欠缺什麼消防設備？

確認住警器是否安裝妥適，包括房間及走道？滅火器數量是否足夠，哪些房間還需配置？緩降機、救助袋等逃生避難器具是否穩固，有無加裝必要？下降空間是否無障礙？

二、家中裝潢及物品配置是否需要調整？

屋內各扇窗戶、陽台盡量不要加裝鐵窗，假如窗戶有裝置鐵窗，應預留可開啟的逃生口，並教導家中每一個人都能快速開啟，如有上鎖，應知道鑰匙放置處。針對發生火災可能最危險的房間，須考量是否改換防焰或耐燃材質裝修。同時確認各項電器用品、可能的火源是否需要重新調整與配置。

三、規畫的逃生路徑是否都暢通？

將家中走道清空，確認你所劃設的室內逃生路線移動時不會被雜物、裝潢或障礙物卡住。以透天厝來看，車庫應預留通道，勿被櫃子、機車、汽車等填滿空間。如果是住公寓大樓，要保持室外通道清空，確認樓梯間、走廊通道沒有堆放雜物或鞋櫃。此外，也要確認安全門雖然關閉卻沒上鎖。

每半年演練一次

家庭逃生計畫訂出後，要想發揮成效，就得靠「實際演練」。在火場最嚴苛的情況下，你必須在濃煙高熱中匍匐前進，克服恐懼、黑暗及混亂。因此你必須沿著牆壁，練習用手和膝蓋迅速低身爬行至出口，而不是碰運氣般亂竄。

家中的每個人都要練習，做到無論在家裡的任何角落，都能快速摸索出逃生方向，知道出口在哪裡，還要學習在黑暗中也能打開所有門和窗的鎖。

這些都可以透過平常每半年的遊戲化練習，達到「閉著眼睛」都會的程度。

家庭逃生計畫背後的三層意義

「家庭逃生計畫」是居家最重要的防火避難準備事項。一個好的「家庭逃生計畫」，必須事先分析所有可能的狀況，然後提出可能解決的方案，最後決定實行的方法。這麼做的背後有三層意義：

第一層意義是「再次檢視前三個策略是否做到位」。包括一、不會燒：掌握家中何處最容易發生火災，並調整用火用電方式；二、燒不大：針對家中燒起來可能最嚴重的地方，排除雜物，清空逃生動線，使用防焰或耐燃材料；三、早知道：確認裝設住宅用火災警報器的房間都已經妥善安裝。

第二層意義是「讓各項應變行動（滅火、逃生或避難）具體化」。包括滅火器還應該增購配置在哪些房間？火場情境是否經過充分模擬，當任何地方火災時，任何房間的人都能掌握正確的逃生路線？是否落實每半年一次的練習，讓每位家人熟悉到閉著眼睛都能快速找到出口，以及無法逃生時，哪個房間可以關門避難？

那麼，針對模擬外的狀況是否就代表計畫趕不上變化，完全失去參考價值？我們制訂計畫的目的不是為了一步一步、毫無偏差地照著走，而是為了因應突發變數，為可能發生的變化做出各種資源準備。

這便是計畫的第三層意義，縱使發生模擬外的狀況，因為你已事先完成各方面的資源準備，你將更有能力判斷出正確的應變方向，並運用各項資源來減低傷害。

30秒掌握生機

策略四：跑得掉

學校有防災演習，家裡也要有逃生計畫才行。

家裡要如何設定逃生計畫呢？有什麼作用？

核心概念

將防災避難知識融入具體情境，才能保命求生。

如何制訂家庭逃生計畫？

畫出家中平面圖　確認兩個方向的出口　約定室外集合點　模擬逃生路線

落實家庭逃生計畫

補足設備，調整配置　每半年演練一次

訂定家庭逃生計畫，落實執行，妥善檢討。

第28課

策略五：救得快
——如何讓消防隊順利救災？

安全小提醒

發生火災了！消防隊能早一秒抵達是一秒，救災速度能快一步是一步。如何能讓消防隊「救得快」呢？以下是我們能努力做到的部分：

☐ A. 不在狹小巷弄違規停汽機車或堆積廢棄雜物。

☐ B. 門前不用花盆、三角錐等作為私用。

☐ C. 居家外牆不外推且不架設向外突出的遮雨棚。

☐ D. 不謊報火警，濫用救護資源。

☐ E. 災害現場不圍觀干擾救災。

現場直擊

「失火了！失火了！」

剛過午夜，全家正在睡夢中，突然從客廳傳來女兒的喊叫，阿嬤趕忙起身衝到客廳。此時火勢已非常猛烈，火舌不斷往窗外竄出。女兒焦急地扶著她往外逃生，但才剛踏出大門便回頭哭喊：「媽，你先走，孩子還在房內，我進去救他們！」隨即衝回屋內。

在這之前，鄰近住戶早已驚醒並打一一九報案，距離最近的消防分隊五分鐘內便抵達火場，但現場已經全面燃燒。阿嬤雖然逃出，也想返回屋裡幫忙救人。她呆望著眼前的咆哮烈焰與滾滾濃煙，不停對消防人員哭喊：「裡面還有四個人，快救命！」

火場位於狹窄巷弄，兩側違停機車逾數十輛，還有住戶堆放的雜物，消防車根本進不來，只能被迫停在百公尺外的路口。為了讓水線拉進來、爭取救援作業空間，消防人員一邊移除障礙，一邊從巷口延伸一百多公尺的水線進入巷道，並從樓梯間衝入火場灌救及人命搜索。

不到二十分鐘，火勢控制住，消防人員進屋裡搜索，結果就在大門旁的浴室內，發現阿嬤的女兒臉部焦黑朝上，半躺在放滿水的浴缸，上半身嚴重灼傷。阿嬤同居人原本在最裡面的主臥房睡覺，被發現時倒臥在浴室門外，全身有百分之九十三的灼傷，手腳燒成焦黑。另一間臥房，阿嬤的三歲孫子及一歲多的孫女全身焦黑、蜷曲躺在床上。

一具具僵軀被抬出來送上救護車，阿嬤孫女的雙腳恰從一位消防弟兄的懷中露出，像支細小的焦炭，不少圍觀民眾見了紛紛落下淚來。

❖

二〇一五年二月某日，一棟五層樓建築物的三樓午夜時突然竄出火舌，燃燒速度相當快。消防隊出動上百人、各式消防車輛二十四部，共救出四人緊急送醫，但全數宣告不治。摸黑逃出火場的阿嬤是唯一倖存者。

巷弄狹小是壓垮駱駝的最後一根稻草

發生火災的這棟公寓是二房一廳的格局，十八坪左右的面積全部燒毀，起火點在客廳。因鄰近夜市，巷弄狹小且障礙物多，再加上圍觀民眾，消防人員在救災行動上遭遇很大困難。

那麼，「狹小巷弄阻礙救災」是造成四人罹難的主要原因嗎？其實早在消防隊抵達現場時就已經全面燃燒，屋內的人除非找到相對安全的房間關門避難，爭取時間待救，否則不太可能存活。

任何一場造成嚴重傷亡的火災，背後必然有多重原因。那麼，這場火災背後到底有哪些問題？

撇開「不會燒」有關起火的原因，我們先從「燒不大」的策略面來看，整棟建築物的室內都是採用易燃材質的三合板隔間，而不是使用防焰或耐燃材料，加速了火勢成長與蔓延。此外，隔間材質也不適用關門避難，唯一的方法只能抓緊時間盡速逃生。

其次，從「早知道」的策略面來看，起火戶沒有裝設住宅用火災警報器，阿嬤的女兒是半夜起床上廁所時才湊巧發現火災，就逃生時機來看已經太晚了。雖然從主臥房門到大門口只不過大約三、四公尺，但阿嬤逃出時，臉部已略有燒燙傷及煙燻痕跡，送醫發現有吸入性嗆傷。

第三，從「跑得掉」的策略面及求生應變面來看，起火戶並未訂定家庭逃生計畫。女兒發現火災後，幸好第一時間大叫，否則阿嬤最後能否生還都是未知數。但女兒示警後應優先抱兩個小孩逃生，而不是重返火場，結果不幸罹難。

而火災前與阿嬤一起在主臥室休息的同居人被發現罹難在浴室口，為什麼明明能先從大門逃生，卻選擇多走兩步到浴室？推論可能是在濃煙瀰漫中走錯方向，或者試圖到浴室取水滅火或找溼毛巾。

從前面分析來看，除了太晚發現火災，初期應變也有諸多錯誤，但壓垮駱駝的最後那根稻草，其實是因為巷弄狹小增加救災困難度。

消防隊如何能夠「救得快」？

狹小巷弄的問題必須設法改善，才能讓消防救災更有效率，但要降低火災時的人命傷亡，只靠提升消防救災效率是不夠的，更重要的是從一開始的火災預防策略，以及面對火災風險的各項準備，每一個面向都必須兼顧。

經過前面四個策略的努力，讓「不會燒」、「燒不大」、「早知道」、「跑得掉」都完備之外，我們還能夠做些什麼？最後一個策略就是要讓消防隊可以「救得快」。

一、狹小巷弄不要違規停車及擺放雜物

狹小巷弄違停已是長期的社會公共議題，許多老舊社區因為沒有足夠的停車空間，周遭住戶就只能亂停，甚至有人為了圖方便，在自家門前用障礙物（如花盆、三角錐等）占用道路，作為私人停車位。而有人讓家中使用空間變大，私自架設遮雨棚，或者將牆外推。當大家都習慣這種方便，發生火災時，不僅消防車無法進入執行任務，連救護車也難以通行。

二、千萬不可謊報火警及濫用救護資源

火災時，第一梯次抵達的消防戰力雖然較少，但非常關鍵，每位消防人員都有不同的任務在身，若少了一兩個人力，初期應變上勢必受到很大的影響。為什麼會少一兩個人呢？可能湊巧有人謊報火警，整個分隊人力都在別處，但更普遍的現象是「濫用救護資源」，主要包括「患者情況其實不緊急」與「指定載送較遠的醫院」兩種。消防隊的救護車為了爭取救援的黃金時間，會以送至轄區內醫院緊急處理為原則，後續再由民眾自行轉診就醫。民眾若濫用救護資源，萬一發生緊急事故，將造成其他民眾無法使用，即使緊急抽調臨近消防分隊支援，也將花上比平時多一倍以上的時間到場，在分秒必爭的災害現場，形同凌遲他人的生命。

三、災害現場不要圍觀干擾

為什麼不要在火場圍觀、湊熱鬧？首先，太靠近火場可能有危險。火場濃煙有劇毒，飛火可能引燃圍觀者，如果是工廠、倉庫起火，還可能發生爆炸、建築物倒塌、碎片飛射等狀況，造成人員傷亡。再者，人群圍觀會影響救災動線，甚至引發交通事故，結果，為了維護圍觀群眾的安全，消防人員還得抽調原已吃緊的救災人力維持秩序。如果真的很想幫忙，可以主動先將停放火場附近的車輛開離，或繞道通行禮讓救災車輛。最重要的是要

相信專業，不要干預指揮救災或指責消防人員。

讓五個策略環節都做到位

火災人命傷亡其實很少和消防人員的「救災不力」有關，大部分是民眾的前面四個策略（「不會燒」、「燒不大」、「早知道」、「跑得掉」）做得不到位，以致太晚發現火災，加上初期應變錯誤，才會導致傷亡。

在任何火災事件中，消防隊都是以人命救援為最優先，其次是防止延燒及減少財物損失，如果有人命待救，那麼在與死神搶時間的情況下是「有機會」把人救出的。因此，消防隊能早一秒抵達是一秒，救災速度能快一步是一步，而如何讓消防隊「救得快」，就是最後一個我們可以努力的地方。

自己的安全自己守護，也只有自己該負最大的責任。

30秒掌握生機

策略五：救得快

為了不讓機車違停住家門口，乾脆放花盆擋住，看起來也美觀。

這樣會擋住公共空間，萬一發生火災，會影響救災的。

核心概念

從自身做起，讓消防隊能夠更快、更順利抵達現場救援。

錯誤做法

相信專業

相信消防人員的專業，不要干預指揮救災或指責消防人員。

消防救援快一秒，生存機會多一分。

PART 4

特別篇 天搖地動一瞬間

每個人都要充分認知災害及學習應變方法，
更要努力預防。
如此才能在災害猛然來襲的瞬間保持冷靜，
減少傷害發生。

第29課
不可不知的地震迷思

求生隨堂考

上班一整天，整個人疲憊得不得了，回到家立刻倒頭就睡。突然間，一陣頭暈目眩的感覺襲來，床鋪竟也開始劇烈搖晃……是地震！看著窗簾喀啦喀啦地晃動，書架上的擺飾品紛紛掉落，這時你會怎麼辦？

☐ A. 留在床上，趴著並用枕頭保護頭部。

☐ B. 立刻下床，躲在大衣櫃邊的黃金三角空間。

☐ C. 立刻下床，打開大門以免門框變形。

☐ D. 立刻下床，衝到室外。

☐ E. 立刻下床，關閉總電源及瓦斯開關，以免引發火災。

【答案請見文末】

地震來時先跑或先躲？

地震感覺離我們很近，因為幾乎每個人都經歷過或輕微或劇烈的搖晃，但地震又好像離我們很遠，因為不常發生大地震。然而它不像颱風或豪大雨這類天然災害可以事前測知，一旦發生地震，不管是白天或夜晚，突然的天搖地動總讓人心驚膽跳，嚴重時更讓人措手不及！

台灣是地震發生頻率非常高的地方。光是在二十世紀，就發生過三次死亡逾千人的地震，包括一九〇六年的嘉義梅山大地震、一九三五年的新竹關刀山大地震，以及一九九九年的九二一大地震。但下一次的大地震會發生在什麼時候？沒人會知道，我們真正面臨的問題是：在真正的危險（地震搖晃）到來之前或是搖晃當下，我們應該怎麼做？

先來討論一個最基本的問題。地震來的時候，是要先跑還是先躲？

二十世紀發生的三次大地震之所以會造成千人以上傷亡，其主因是「建築物倒塌，把人壓死了」。既然如此，發生地震時，第一時間應該趕快跑出建築物吧？

乍聽之下沒錯，但我們來思考兩個操作面的問題：一、沒跑出去就會死嗎？二、你跑得出去嗎？其實，當地震強度大到足以讓建築物倒塌時，搖晃當下你根本無法逃出去。

難道我們只能坐以待斃？這時你還必須面對另一件事。

面對地震，不能只想著房子倒了怎麼辦，而是在地震發生過程中、房子倒塌前，物品會掉落、家具會翻覆、奔跑會跌倒，這些才是地震造成你傷害的最主要原因。你要在這個階段確保自己不會受傷。

因此，不管建築物會不會倒，你都不該跑，你跑了反而把自己直接暴露在重大危險之中。我們得到的結論是：房子沒倒，何必跑？房子會倒，跑不了！我們應該做的，就是立刻趴下護住頭部。

找到「黃金三角」就能救命？

傳說中「黃金三角」的概念是，如果建築物倒塌，天花板梁柱垮下，碰巧壓在房間內的大型家具（例如大型衣櫃、冰箱等）上，下方便會形成一個三角空間。人可以躲在裡面，這個空間就是所謂的「黃金三角」。聽起來很有道理，但黃金三角真的安全嗎？我們可以從這個倫理的三個錯誤假設來分析。

錯誤假設一：「黃金三角」假定建築物只要遇到地震都一定會崩塌。前面提到，遇到地震時，我們將面對兩種最主要的威脅，第一是物品掉落砸傷、重型家具傾倒等非結構性威脅；第二才是建築物倒塌、樓層下陷等結構性威脅。但在結構性威脅發生之前，一定會先發生或伴隨非結構性威脅。

錯誤假設二：「黃金三角」假定人們都能預測何處會是黃金三角的空間。事實上，黃金三角空間會因為地震搖晃的方向、速度、建築結構與室內擺設而不同；一個靠牆的大型衣櫃可能出現的黃金三角空隙就有三種可能（扣除靠牆面，剩下另外三面），選對了還不一定保命，選錯了則非常致命。

錯誤假設三：「黃金三角」假定在強烈震動與搖晃的情形下，人們可以隨心所欲地移動到期望躲藏的位置。在建築物未崩塌之前，人們於強烈震動與搖晃過程中，根本無法快速且安全地移動到想要躲藏的位置，移動的過程還很可能導致跌倒和受傷。

會有這麼多錯誤假設，就是因為黃金三角理論依據的是「建築物爆破」的實驗結果，而不是地震模擬。建築物爆破的原理是將炸藥裝在每層樓的柱子上，爆破瞬間柱子就遭破壞，整棟建築上下支撐的力量沒了，於是每層樓會像千層派一樣一層層往下疊。但地震發生時，建築物並不是這樣倒的。地震之所以造成建築物倒塌，是因為建築物底層承受了太大力量而撐不住，就像人站不穩跌倒一樣。因此，地震時建築物倒塌是傾斜式，不是像爆破那樣所有樓層都塌陷。

如果你依然對黃金三角抱有一絲希望，我們再來模擬幾個情境。

情境一，建築物沒倒：此時物品可能會掉落、家具會翻覆、奔跑會跌倒，東西掉下來會打到你，所以躲桌下比桌旁來得安全。

情境二，建築物倒塌，上面的天花板垮下：你身旁的大型家具（櫥櫃、冰箱）並不會乖乖地在原地幫你支撐，它們早就已經東倒西歪，甚至把你壓傷。

情境三，建築物倒塌，腳踩的樓地板掉落：你也會掉下去，身旁的大型家具（櫥櫃、冰箱）也跟著一起掉下去，而且可能直接壓死你。

總的來說，地震發生時，人們無法預知地震的方式、倒塌的方向，也就無法知道何處會有所謂的「黃金三角」空間，更沒有能力順利移動到躲藏的位置，甚至原本希望用來支撐「三角」的支撐物可能也倒下了。

半夜地震該怎麼辦？

台灣這幾年發生較嚴重的大地震都是在半夜，而人在夜晚睡覺時，警覺性與行動力都比較差，如果地震來襲，這時該怎麼辦？到底是待在床上，還是下床找掩蔽？我們假設三種情境。

情境一：當物品掉落、家具翻覆，你被掉落物砸傷的機率，與在床上待著是相同的。

情境二：你下床時會因為建物搖晃的力道與加速度，改變了你的移動方向或力量，甚至可能因此撞到家具或牆角。

情境三：就算成功躲到床旁邊了，但床鋪可能會移動，你留在床上就不會被床鋪撞到。但如果滾到旁邊，就會因為床鋪移動而使你受傷。因此，地震發生時，留在床上相對安全。

結論就是，地震來臨時，留在床上是比較安全的。

地震時先開大門再說？

許多人認為，地震發生時要先打開大門，是因為誤以為大門扭曲變形，就會被困在裡面因而死掉。事實上，困在裡面會死掉是因為你一開始沒有做好頭頸部的保護，加上救援時間拉長，以致失血過多，傷重而死。

如果你還是堅持要打開大門，請思考兩個問題：

一、如果地震大到可以讓門扭曲變形，你還有能力移動到門邊嗎？會造成門框變形的地震強度至少五級以上，這個震度也是造成傷亡的開始，例如東西掉落、家具位移或翻覆，因此，當你嘗試去開門的過程中，就先讓自己暴露在高危險環境中了。

二、如果地震大到可以讓門扭曲變形，你還跑得出去嗎？開門的目的是為了逃出建築，假設你住在二樓以上，開完二樓的門後，還必須走到樓下打開大門，這樣才算是通往戶外。然而在地震發生的幾十秒內，要在身體不穩的情況下移動如此長的距離，表示你將面臨更多掉落物擊中的危險。

【求生隨堂考解答：A】

所以地震發生時，第一件事絕對不要急著去打開大門！

那麼我們在地震時究竟如何自保，以及可以事先做好那些防範和整備，我們下一課再來詳細說明。

30秒掌握生機

不可不知的地震迷思

地震發生時應該躲在哪裡？

大衣櫃？桌子底下？還是開門先溜為妙？

迷思1：黃金三角求生機

躲到桌子底下

黃金三角理論是建立在爆破的假設下，地震時應該優先躲桌底。

迷思2：半夜地震快下床

留在床上避難

下床移動過程中，可能因地震搖晃、床具移動而受傷。

迷思3：怕被困住先開門

趴下掩護穩住

急著去開門，會在移動時因物品掉落、家具翻覆而受傷。

地震來襲應變守則：趴下、掩護、穩住

第30課
地震應變與事前準備

求生隨堂考

上一堂課你已經掌握到地震發生時應避免的致命錯誤，包括不要衝下床、不要衝去開門、不找黃金三角避難空間。假如此刻你在家，突如其來搖晃不已的強震，到底應該怎麼做才能保護自己的性命？

☐ A. 蹲在桌下，頭部抵住桌底，雙手保護頭部。

☐ B. 蹲在桌下，頭部壓低，雙手緊握桌腳。

☐ C. 跪在桌下，頭部抵住桌底，雙手保護頭部。

☐ D. 跪在桌下，頭部壓低，雙手緊握桌腳。

☐ E. 就地側躺，身體蜷曲，雙手保護頭部。

【答案請見文末】

地震時的正確做法

前面破解了幾個地震避難的錯誤觀念，那麼我們到底該怎麼做才能保住性命，讓自己平安生還呢？

第一件事：DCH

地震時該做的第一件事不是打開大門，或躲到大型家具旁，而是「趴下」（Drop）、「掩護」（Cover）、「穩住」（Hold on），簡稱DCH。

如果發生地震時在睡覺，別急著下床躲到床邊，應待在床上，翻身採趴跪姿，雙手抓住枕頭以保護頭頸部。

如果地震發生時正在桌邊，由於你和桌子可能因晃動而跌傷或傾倒，所以「穩住」之後，正確的動作是雙肘雙膝碰地，頭部壓低，雙手緊握桌腳成跪姿，而不是採取蹲姿。

但實際上我們可能面臨到的問題是，並不是每個房間都有桌子可以躲，這時該如何落實DCH的動作呢？有三個原則應把握：

原則一：立刻雙肘雙膝著地趴下，用雙臂保護頭頸部。地震時並不是所有的建築物都會倒塌，我們要防範的主要是家具傾倒、吊掛物掉落、滑動物品掉落，甚至天花板塌下對頭頸部造成的傷害。頭頸部是活命的第一步，在九二一大地震中，顱內損傷、顱骨骨折、頸部骨折導致的死亡就占了兩千五百名死者中的三分之一。

原則二：躲在相對堅固的柱子旁、低矮的家具或牆壁角落。由於沒有堅固的桌子可以躲，這時要設法以其他物品保護自己的頭頸部，並趴跪在相對堅固的柱子旁、低矮的家具或附近沒有大型家具的牆角，遠離可能整個倒下的家具、吊掛物、燈具及大片玻璃窗。

原則三：搖晃期間不要跑到戶外，也不要衝向出入口。搖晃當下要留在原地，直到停止搖晃為止，千萬不要貿然跑到戶外。也不可以衝向出入口，因為這時的你根本站不穩，也很容易被掉落物和飛散物品砸中。

行動不便的人該怎麼做呢？同樣也要把握這兩個原則：

原則一：用雙臂保護頭頸為優先。一個枕頭、一本書或身邊任何可用的東西都可以，有總比沒有好，身體盡量壓低。

原則二：不要移動或離開移動輔具。地震搖晃時，千萬不要試圖從輪椅、躺椅或病床上離開，因為地震的力量可能讓你跌倒在地上。如果乘坐輪椅，應立即鎖住車輪、保持坐姿，並護住頭頸部，直到晃動停止。

不同地方的應變做法

一、家裡

如果在客廳，要注意門窗、照明器具等玻璃碎片飛散導致的割傷。如果在廚房，留意冰箱、烤箱、微波爐等可能因地震搖晃而傾倒或翻落，櫥櫃內的碗盤、刀具可能受到搖晃而飛出；假如正在烹煮東西，可隨手關閉瓦斯爐，也要小心別踩到破掉的器皿。

如果在浴室，通常浴室比較不會有掉落物，相對較安全，但因空間小，也會有被碎裂的鏡子、燈具或洗臉槽等物品割傷的風險。如果正在洗澡，由於身上沒有衣物保護，會比平常更容易受傷，此時可利用臉盆、洗衣籃或換洗衣物保護頭部，也要注意腳底不要踩到積水或肥皂而滑倒。

如果在陽台，應該立刻蹲下，保護頭部並遠離花盆、冷氣機等物。同時應該盡量靠近室內牆面，避免因為劇烈搖晃不慎發生墜樓意外。

二、行進中

如果在開車，通常震度四級以上才會感覺到搖晃，有點像爆胎，車體會滑動難以控制方向。此時應慢慢減速，靠邊停車。

如果正乘坐電車，要緊握扶手，因地震發生時，電車會緊急剎車，倘若沒抓緊，會有摔倒的危險，另外，劇烈的地震可能造成電車出軌，車廂之間的連結處會承受極大的擠壓力，因此盡量避免站在車廂與車廂之間。

三、校園

如果在教室，要特別防範別被掉落的電燈、電扇或天花板等物品砸傷。不要往上看，因為日光燈可能會破掉，很容易就遭碎片刺傷。盡量保持冷靜不驚慌、不哭泣，當你尖叫或哭泣時，會聽不見老師或廣播的指示。

如果在實驗室，須小心並遠離火源和化學藥品，桌下或牆角是相對較安全的空間。

如果在體育館，立即就地趴下、抱住頭部保護身體，並注意從天花板掉落的物品，同時小心地上的散落物。

如果在走廊，就地抱住頭部保護身體，遠離教室的窗戶玻璃。

四、其他公共場所

如果在地下街，可能因暫時性停電而陷入黑暗，此時會有大批人潮湧向出口，所以千萬不要站在通道中央，否則很容易因為推擠、跌倒而受傷，應沿著牆壁走到安全的地方。

如果在電影院，若因為驚慌就立刻衝往出口，會因為互相推擠而受傷。若空間夠大，應蹲坐在座椅前面，或在座位上就地彎腰，並以雙手保護頭部。

如果在百貨公司或賣場，要留意貨架和商品倒塌而壓傷人，甚至天花板的燈都可能墜落，應盡量遠離，並保護頭部。

如果在搭電梯，應按下每層樓的按鈕。地震時人在電梯內，很可能會在升降過程中停住，把我們困在裡面。所以當感覺搖晃時，要快速按下每個樓層的按鈕，讓電梯能在第一時間停在最靠近的樓層。

如果在搭手扶梯，應握緊扶手，因這時可能停電而忽然停住，很容易會失去平衡而往前跌倒，或是遭到後方的人推擠。緊握扶手可以支撐住身體，以免從手扶梯上跌落。

地震後的正確做法

地震搖晃停止後，要馬上確認三件事（如果你原本光著腳丫子，趕緊穿上鞋，免得被掉落物品割傷）：

一、注意家人是否安全、有無受傷；

二、火源及瓦斯開關是否都已關閉；

三、確認所在建物結構是否仍然安全。

倘若不幸受困，一定要保持冷靜，確認自己有沒有受傷，然後想辦法讓外面的人知道自己的位置與情況。你可以大喊「救命」，吸引救災人員或周遭民眾注意，但必須控制自己的體力，感覺有人接近再呼叫，才不會浪費力氣。

若是長期待援，可用身邊堅硬的物品或哨子有規律地敲擊。當然，如果通訊狀況順利，馬上用手機報案，告知你受困的地方，但要注意電量節省使用。

地震前的準備

地震難防，但我們仍可事先做好下列事情，讓地震造成的災害降到最低。

一、練習DCH（趴下、掩護、穩住）的動作

平時可不斷練習趴下、掩護、穩住三個動作，直到變成地震發生後第一個本能反應。

二、備妥緊急避難包

許多人誤以為緊急避難包是在人被瓦礫堆活埋受困時，用來支撐生命的，但我們並無法確知地震發生當下，緊急避難包剛好就在我們手邊，除非你在家裡各處都放了避難包，或者一回家就把避難包揹在身上（連睡覺也揹著）。

地震時，立即就地避難是首要原則，因此當下絕對沒有時間和機會去拿避難包。真正的使用時機其實是在地震結束後，當我們發現建築物有嚴重的結構損傷，必須「離開到避難收容所暫時生活」時使用。

避難包至少應該包含哪些物品呢？

- 飲用水
- 立即可食的口糧、罐頭等
- 哨子、瑞士刀
- 收音機
- 現金、證件影本
- 面紙、衛生紙
- 個人藥品
- 手電筒、備用電池、火柴、打火機
- 蠟燭、固態燃料

●禦寒衣物、手套、拖鞋

其中，手電筒也要同時放在床邊或家中定點，因為地震來時可能停電，如果沒有任何照明，很可能衍生意外。

三、家具需固定

我們反覆提到，地震時物品會掉落、家具會翻覆、奔跑會跌倒，這些都是造成傷害的最主要原因。因此，把家具固定好並減少雜物擺放，就能減少掉落翻覆、砸傷人的機會。

設置系統家具時，應和裝設人員確認有無依照施工規定，確實與牆面和地面固定完成。其他活動家具和家電產品為了避免翻落或移動，建議使用家具固定器如L型金屬零件及螺絲等加以固定，或用支柱、黏貼墊的組合方式處理。此外，窗戶可貼上防爆膜，較重的電器用品（如電視機）下方可鋪上止滑墊。

人在睡覺時的警覺性與行動力會比較差，因此臥房布置要去除可能倒塌的大型家具，或是可能從高處掉落的物品，這樣地震來時就比較不擔心被砸傷。

最後有個小提醒，平時就要有危機意識，應事先與家人約定發生緊急事故後的戶外集合地點，可能是公園或超商等光線明亮、易識別的地方。此外，聯絡家人的方式不要只有一種，而要溝通出多種聯繫的方式，除了電話、網路，在門前貼留言紙條也是很實用的方法。

我們都知道面對災害要冷靜，但冷靜不可能憑空而來，因此我們要充分認識災害以及應變方法。有了清晰的觀念，就不會被謠言所惑。此外，只有知道了還不夠，更要努力去做預防。只有這樣，我們才能在災害猛然來襲的瞬間保持冷靜，減少傷害的發生。

【求生隨堂考解答：D】

30秒掌握生機

地震應變與事前準備

我們不知道什麼時候會發生地震，能夠事前預防嗎？

應該還是可以預做準備，但不知道該怎麼做？

熟練避難動作

趴下　掩護　穩住

要領：雙膝雙肘碰地，雙臂保護頭頸，雙手握緊桌腳。

備妥緊急避難包

緊急糧食飲水
禦寒保暖衣物
蠟燭電池電源

醫療衛生用品
貴重證件現金
手套鞋襪毛毯

平時備妥各項物品，遇地震後須撤離時可攜帶使用。

固定電器家具

窗戶貼防爆膜

書櫃以支架固定

電視鋪止滑墊

冷靜＝努力（身體力行）＋理性（正確知識）

打火哥的30堂烈焰求生課

第一線熱血消防員親授關鍵保命絕招，破解火場迷思

作者／蔡宗翰

責任編輯／陳懿文、陳嬿守
封面設計／萬勝安
行銷企劃／鍾曼靈
出版一部總編輯暨總監／王明雪

發行人／王榮文
出版發行／遠流出版事業股份有限公司
地址／104005 台北市中山北路一段 11 號 13 樓
電話／(02)2571-0297　傳真／(02)2571-0197　郵撥／0189456-1
著作權顧問／蕭雄淋律師
2019 年 8 月 1 日 初版一刷
2022 年 1 月 20 日 初版十刷

定價／新台幣 350 元

ISBN 978-957-32-8612-7
遠流博識網 http://www.ylib.com E-mail:ylib@ylib.com
遠流粉絲團 https://www.facebook.com/ylibfans

國家圖書館出版品預行編目（CIP）資料

打火哥的 30 堂烈焰求生課 : 第一線熱血消防員親授關鍵保命絕招 , 破解火場迷思／蔡宗翰著 . -- 初版 . -- 臺北市 : 遠流 , 2019.08
面；　公分
ISBN 978-957-32-8612-7（平裝）

1. 火災 2. 消防 3. 災難救助

575.87　108011254